新 HSK 实战模拟题集

六 级

陈洋 编

商务印书馆

2011年·北京

图书在版编目（CIP）数据

新HSK实战模拟题集.六级/陈洋编.—北京：商务印书馆，2011
（商务馆新HSK考试系列）
ISBN 978-7-100-08334-8

I.①新… II.①陈… III.①汉语—对外汉语教学—水平考试—习题集 IV. H195—44

中国版本图书馆CIP数据核字（2011）第077345号

所有权利保留。
未经许可，不得以任何方式使用。

新 HSK 实 战 模 拟 题 集 · 六 级
陈洋 编

商 务 印 书 馆 出 版
（北京王府井大街36号 邮政编码 100710）
商 务 印 书 馆 发 行
北京瑞古冠中印刷厂印刷
ISBN 978-7-100-08334-8

2011年11月第1版　　开本 880×1240 1/16
2011年11月北京第1次印刷　　印张 11½
定价：44.00元

目 录

试题及听力材料 …………………………………………………………………… 1

   卷一 ………………………………………………………………………………… 1

      听力材料（卷一）…………………………………………………………… 22

   卷二 ………………………………………………………………………………… 31

      听力材料（卷二）…………………………………………………………… 52

   卷三 ………………………………………………………………………………… 61

      听力材料（卷三）…………………………………………………………… 82

   卷四 ………………………………………………………………………………… 91

      听力材料（卷四）…………………………………………………………… 112

   卷五 ………………………………………………………………………………… 121

      听力材料（卷五）…………………………………………………………… 142

试题答案及解析 …………………………………………………………………… 151

   卷一 ………………………………………………………………………………… 151

   卷二 ………………………………………………………………………………… 155

   卷三 ………………………………………………………………………………… 159

   卷四 ………………………………………………………………………………… 163

   卷五 ………………………………………………………………………………… 167

答题卡 ……………………………………………………………………………… 171

新汉语水平考试
HSK（六级）

卷 一

注 意

一、HSK（六级）分三部分：

    1. 听力（50题，约35分钟）

    2. 阅读（50题，50分钟）

    3. 书写（1题，45分钟）

二、听力结束后，有5分钟填写答题卡。

三、全部考试约140分钟（含考生填写个人信息时间5分钟）。

新汉语水平考试

HSK(六级)

样卷

注 意

一、HSK(六级)分三部分：
1. 听力(50题，约35分钟)
2. 阅读(50题，50分钟)
3. 书写(1题，45分钟)

二、听力结束后，有5分钟填写答题卡。

三、全部考试约140分钟(含考生填写个人信息时间5分钟)。

一、听 力

第一部分

第1-15题：请选出与所听内容一致的一项。

1. A 邻居种了青菜
   B 邻居不会种菜
   C 我种了过季青菜
   D 我的青菜长得慢

2. A 找工作很困难
   B 捡废纸很重要
   C 好习惯很重要
   D 老师捡了报纸

3. A 植物要学走路
   B 这种植物是圆的
   C 这种植物一直随风走
   D 这种植物根据需要随风走

4. A 巨型鲇鱼逃回了水里
   B 巨型鲇鱼是泰国人捕到的
   C 巨型鲇鱼被留下来做纪念
   D 湄公河捕的鲇鱼重约77公斤

5. A 快乐的人没有
   B 忧伤的人太多
   C 人的心态很重要
   D 生活中快乐的人不多

6. A 兔子跑步第一
   B 兔子很喜欢游泳
   C 兔子学游泳不努力
   D 兔子终于学会了游泳

7. A 加州的迪斯尼不断有创新
   B 加州的迪斯尼只有米老鼠
   C 加州的迪斯尼只有儿童喜欢
   D 洛杉矶的游客都去了迪斯尼

8. A 比赛时不看墙壁
   B 比赛时想法很多
   C 比赛时绝不会碰撞
   D 比赛时注意力要集中

9. A 躺着打电话声音最好
   B 打电话声音应该懒散
   C 打电话时要注意姿势
   D 人们都喜欢躺着打电话

10. A 我喜欢逛超市
    B 我答对了朋友的问题
    C 朋友的问题很简单
    D 我没猜对朋友的谜语

11. A 行走对身体没用
    B 人们都认为行走是运动
    C 行走也是一种好的运动
    D 激烈运动才对身体有益

12. A 酒标包含的内容很多
    B 很多葡萄酒没有酒标
    C 选择酒不需要看酒标
    D 酒标只是一个简单的标志

-3-

13. A 学生练习不刻苦
    B 教授不喜欢学生
    C 教授批评了学生
    D 教授给学生的乐谱很难

14. A 我喜欢早上跑步
    B 老年人都喜欢养鸟
    C 老奶奶都喜欢跳秧歌舞
    D 中国老人喜欢早上锻炼

15. A 不应存在侥幸心理
    B 凭经验办事都不对
    C 守株待兔的人很聪明
    D 偶然和必然可以改变

第二部分

第 16-30 题：请选出正确答案。

16. A 2 岁
    B 8 岁
    C 10 岁
    D 16 岁

17. A 爸妈强迫的
    B 老师建议的
    C 爸妈练田径
    D 自己喜欢田径

18. A 1988 年
    B 10 年前
    C 2 岁时
    D 上中学时

19. A 降体重
    B 增体重
    C 身材胖
    D 身材矮

20. A 领队
    B 学生
    C 游泳健将
    D 裁判员

21. A 明星
    B 公务员
    C 农民工
    D 品牌代言人

22. A 高兴
    B 生气
    C 嫉妒
    D 讽刺

23. A 工作地点
    B 工作条件
    C 居住环境
    D 人情方面

24. A 希望多些保障
    B 希望提高工资
    C 希望多些技术培训
    D 希望大家看得起他们

25. A 觉得非常骄傲
    B 觉得生活改变了
    C 觉得可以赚钱了
    D 感觉担子更重了

26. A 成绩太差
    B 不想读书
    C 出国留学
    D 迟到没赶上

27. A 高考前
    B 高考时
    C 高考刚结束后
    D 知道高考成绩后

28. A 经济
    B 教育
    C 人事
    D 旅游

29. A 毕业的学生
    B 成绩非常好的人
    C 今年高考的毕业生
    D 已经考上大学的人

30. A 语言
    B 速度
    C 理解力
    D 知识点

第三部分

第31-50题：请选出正确答案。

31. A 放在心上
    B 不太在意
    C 完全遵守
    D 非常奇怪

32. A 因为没地方晒了
    B 因为风太大吹下来的
    C 因为挡住了房东的窗
    D 因为占用了人家的晾衣绳

33. A 很小气
    B 爱干净
    C 挺幽默
    D 乐于助人

34. A 很大
    B 特辣
    C 形状奇特
    D 名字特别

35. A 觉得不够辣
    B 认为很实惠
    C 辣得受不了
    D 吃后很后悔

36. A 喝杯水
    B 喝点粥
    C 喝点牛奶
    D 吃点米饭

37. A 年轻的人
    B 聪明的人
    C 有问题的人
    D 高职位的人

38. A 英语
    B 汉语
    C 西班牙语
    D 俄罗斯语

39. A 学校
    B 搬运公司
    C 汽车公司
    D 保洁公司

40. A 生活的感觉
    B 赚钱的感觉
    C 幸福的感觉
    D 乡村的感觉

41. A 和村民聊天
    B 找停车地点
    C 买一张手绘地图
    D 找一家舒适的农家

42. A 红豆腐
    B 金华酥饼
    C 乌木制品
    D 手编草鞋

-7-

43. A 大一
    B 大二
    C 大四
    D 大五

44. A 募集到的
    B 做家教挣的
    C 学校奖励的
    D 做小生意挣的

45. A 2份
    B 3份
    C 5份
    D 8份

46. A 要考研
    B 顺利毕业
    C 通过英语考试
    D 通过期末考试

47. A 蓝色
    B 白色
    C 黄色
    D 灰色

48. A 4个
    B 10个
    C 12个
    D 15个

49. A 圣诞节平安夜
    B 圣诞节和春节
    C 万圣节和耶稣受难日
    D 圣诞节和耶稣受难日

50. A 看烟火
    B 取景拍照
    C 吃饭赏夜景
    D 卖各种东西

二、阅 读

第一部分

第51-60题：请选出有语病的一项。

51. A 他刚刚从会场出来就被记者层层围住。
    B 当地人用湖水把鱼一泡，就能吃到一顿美味了。
    C《易经》里的思想渗透已经到中国人生活的方方面面。
    D 我曾到过江西和安徽的村落，那里的民居或结构精巧，或大气宏伟。

52. A 北京奥运会把世界进一步了解了中国。
    B 父母在教育子女时应当把握住度，该放手时就放手。
    C 鱼、肉和奶含有一种重要的维生素，有助增强老年人记忆力。
    D 他一直想要挽回他们的感情，但她这段时间完全不理他，态度很强硬。

53. A 他是个公子哥，花钱大手大脚，但人很温和。
    B 从某些角度来讲，健身锻炼可以弥补先天不足。
    C 我们会在收到汇款后第一时间回复您款是否收到，收到货款立即发货。
    D 米糕店老板手艺特好，尽管超市嫌他们的价格高，要求做些便宜的产品。

54. A 考大学选择专业，是最让家长和学生头疼的事。
    B 昨天，回家稍微晚了点，走进家门一看，我简直都要崩溃了。
    C 这个字眼无处不在，多得我都懒得去查它们到底用了多少次。
    D 与他合作过的演员都称他工作很认真，为人和蔼，被大家带来不少欢乐。

55. A 实话实说，金融媒体行业其中实并不怎么富裕。
    B 与其说是我们在进行检查，还不如说是我们在向你们学习。
    C 当初这位数学家嫁女儿，追他女儿的人大都是数学界的。
    D 在探索太空方面，动物们曾替我们走了第一步，有的甚至付出了生命。

56. A 医院稍微人性化点，病人何来这些折磨。
    B 公车的数量越来越多，车子的档次也越来越高。
    C 因为工作忙，来到研究院，自从小于一直都没有休过假期。
    D 母亲平日与孩子谈话时，只要稍微用点心，便能使孩子变得聪明。

57. A 那你们先聊着，我去给你们把菜热一热。
    B 参观的人来自各国各地，有说有笑，脸上露出轻松的表情。
    C 中国经过这么多年的谈判，终于有了结果，这是一件让人高兴的事情。
    D 是为了宣传张氏豆沙糕的独特口味，凡是来店里的客人都可以免费品尝。

58. A 善于从灾难中总结经验和教训、吸取智慧和力量的民族，肯定会变得更加坚强。

    B 我到现场拍摄动作戏，起来看很轻松，但其实要记对白节奏，总令我变得紧张。

    C 我独自一人在西柏林火车站等候换乘的火车，寂静的站台上只有寥落的几个乘客。

    D 现在的中介简直太厉害了！我在网上刚发布了出售房子的信息，就有电话打进来了。

59. A 在大多数情况上，学生选择有可能决定一生命运的专业时，和农民选择种什么一样盲目。

    B 公司人力资源部每周会做一个出勤报告，除了例行的上班、下班情况，还包括每个部门的加班情况。

    C 在爱丁堡，公园里、街边上、公共汽车站旁，各式长椅处处皆有。这些长椅都是普通的公民捐赠的。

    D 到2030年，每个人的一言一行都将被记录在案，人类将被植入芯片，组成一个无所不在的通讯网络。

60. A 2007年1月，上海王开照相馆发现了一大批珍贵的老照片，在社会上引起轰动。

    B 每到这个时候，整个行业就陷入了淡季，直到九月底各方面的限制才陆续解除。

    C 尽管美国经济也面临着一些问题，但投资者对于把钱投向美元资产的信心远高于投向其他货币资产。

    D 奥运后有一个特别明显的变化，就是北京的外国人越来越多，而且都不是来玩儿的，而拖家带口定居在北京。

第二部分

第61-70题：选词填空。

61. _____总统与小巷为伍，是法国一大特色，总统府建在不超过10米宽的街上。_____，这条街却是巴黎出售最名贵商品的街，_____香水、时装，无一不是昂贵的。

    A 让　而且　不管　　　B 把　便于　不论
    C 叫　但是　无论　　　D 使　只是　只要

62. 工作是经济独立的象征，也是_____生活的一种方式。虽然也有压力与不安，有辞职的_____，但看在钱的面子上保住饭碗还是最_____的。辛苦工作赚来的钱是独立的保障，也带来幸福感和安全感。

    A 投入　思考　重心　　B 加入　想法　重视
    C 参与　念头　重要　　D 参加　心头　主要

63. 职业和大学专业将更加专门化。学生们不再笼统地学习商业学，而开始选择_____专业。_____，一些冷门专业也将引起学生的_____，例如神经学、纳米技术、计算机、数字辩论学、漫画艺术。

    A 分开　此外　投入　　B 详细　其他　兴致
    C 细致　之外　趣味　　D 细分　另外　兴趣

64. 记者在多家大卖场走访时_____到，五粮液产品将实施调价。超市相关人员_____，45度五粮液的价格为539元，但从今日起就要上涨50元。最近几天五粮液_____产品都要不同幅度涨价，_____大约在3%至10%。

    A 知道　解释　一列　范围
    B 获悉　说明　系统　大小
    C 了解　介绍　系列　幅度
    D 理解　介入　关系　大度

65. 她是位_____的画家，广东南海人。1903年出生于艺术世家。她的父母都_____纺织行业，常常为棉布设计图案，只生了这样一个宝贝女儿，甚是疼爱，从小让她受到良好的教育。_____受到家庭环境的影响，她对美术表现出异常的兴趣，父母见了心里暗喜，就_____地往这方面培养。

    A 美轮美奂　打理　因为　潜意识
    B 才貌双全　从事　由于　有意识
    C 妖艳无比　加入　于是　下意识
    D 艰苦朴素　经营　因此　有意思

-11-

66. 1996年11月大地震过后一年半，我到神户访问时，_____于生活如此迅速地恢复正常，神户居民从容_____了最艰难的时刻。日本的确是个_____的民族。他们_____进行足够的改变，以便融入由许多不同文化背景的人组成的世界。

    A 吃惊 过去 各有特色 不能不
    B 惊讶 度过 与众不同 不得不
    C 诧异 发生 各有千秋 不要不
    D 担心 熬过 千差万别 只好不

67. 在故乡的夜晚，一本书、一杯自制的五味子果汁，就会给我带来_____的睡眠。可是到了月圆的_____，情况就大不一样。穿窗_____过的月光，进了屋后，招呼也不打，仰面躺在我身旁空下来的那个_____上。

    A 真正 白天 后 空白
    B 诚实 时候 之 地方
    C 踏实 日子 而 位置
    D 实在 时间 以 场地

68. 城东的杨家，世代经商，分号_____长江流域。位于汉口江汉路的分号紧_____汪家的绸缎铺，半个世纪后，杨汪两家财势均已_____。杨家人散落四处，汪家的一位后人成为_____的港星。

    A 分布 接着 落下 蜚声中外
    B 遍布 临着 中落 红极一时
    C 遍于 挨着 中下 姹紫嫣红
    D 发布 靠着 流落 响亮一时

69. 我们家山后面有栗子树，_____的。栗子快熟的时候_____毛毛球，你不上树打它，它不会下来。栗子熟了_____，就自己把口子张开。有时候熟透了，它就会自己掉_____。这时是最让人睡不着觉的时候。我就拿个篓子到栗子树下去_____栗子。

    A 到处都是 有点 之后 起来 拿
    B 漫山遍野 好像 以后 下来 捡
    C 荒山野岭 胜似 后来 下去 摘
    D 郁郁葱葱 不如 过后 过来 拾

70. 一家以面条筋道、骨汤香鲜_____的面店，有位高人建议老板使用一些特殊的原料，不用什么_____，谁都能轻松做出筋道的面条；_____用具有增强鲜味的调料调出桶装汤，兑水_____10倍就可以用了。

    A 闻名 方法 也 分解
    B 称道 技巧 还 解释
    C 著称 手艺 再 稀释
    D 之称 手段 又 稀少

第三部分

第71-80题：选句填空。

71-75.

（71）_____，算是赶上好时候了。我们的父辈，只能做一件事情，而现在，我们能干8件事情。我也是在这样的机遇中，进入了商业层面，挣钱比父辈多多了。因为你是名人了，他们需要用你的形象来推广品牌。还有一些社会公益活动，你只要花点精力，出席活动，这事儿就成了，你有了舞台之外的社会功能。（72）_____。

我第一次拍的广告，是一个电器的广告。他们看了我演的电视剧而选择的我。第一次去银行取10万元钱，我心里还挺紧张的，见钱眼开，又不禁心虚，怕有人打劫。

拍广告多了，（73）_____，我自己就常被创意精彩的广告感染。现在我还对我早期拍的红酒广告记忆犹新，那是一个故事广告，通过一瓶红酒传达对爱的思念。

有段时间，很多人批评我被商业化了。有一个观众还把我的一个广告形象从报纸上剪贴下来寄给我，在旁边写上："不要脸，人家让你说什么你就说什么。"我当然很受震动，（74）_____。这以后，我选广告就很谨慎，信息化时代，太多地方希望你做吃喝的形象，但我已经知道深浅了。

至于做公益活动，（75）_____，做公益对演员来说，有名又有利。

A 原来观众希望我维护自己的形象

B 这是事情好的一面

C 我坦白地说

D 生活在今天这个时代的演员

E 也会激发你的艺术思维

76-80.

一天，我骑车走在路上，突然发现前面一辆车的后玻璃装饰得非常有特色，那漂亮灵动的纹路，（76）＿＿＿＿＿＿。我快骑几下，想要看看画的是什么图案。没想到前面一个紧急刹车，我自行车的前轮差点顶住了那辆车的尾灯。我惊叫一声，同时也看清楚了那个吸引我眼球的花纹，居然是车玻璃反射出的天上的云彩！

我自嘲地笑着，干脆下了车，举头望天，（77）＿＿＿＿＿＿。
又白又美的云就在我的头顶上。（78）＿＿＿＿＿＿？这双眼睛在追逐着什么？这颗心在遗忘着什么？如果不是借着一方玻璃的提醒，我是不是就不再记得头上有一个可供心灵散步的青天了？

"妈妈，这个姐姐在看云呢！"

我被一个童声惊动了。循声望去，见一位母亲用力地推了一下四五岁的小孩——估计这位母亲是在责怪她的孩子用一句冒失的喊话冒犯了我这个陌生人。我心里咯噔一下，想，在我举头望天的时候，（79）＿＿＿＿＿＿，他们会说我痴，说我呆。然而，他们全都错了，只有这个纯真的孩子猜透了我，说穿了我。

我的知音，你相信吗？（80）＿＿＿＿＿＿，有许多事情真的并不比看云更重要。

A 全心全意地看起云来

B 在这个喧闹的世界上

C 让人的身心也跟着摇荡起来

D 为什么我的步履总是那么匆忙

E 我一定成了路人张望指点的对象

第四部分

第81-100题：请选出正确答案。

81-84.

位于加拿大和美国交界的尼亚加拉瀑布，号称世界七大奇景之一。在新大陆被发现之前，这一奇迹一直没有被西方人所发现。直到1678年，一位法国传教士来到这里传教，发现了这一大瀑布，为它"不可思议的美"赞叹不已。他细心地记下了自己的见闻，把这一胜景介绍给了欧洲人。

从伊利湖来的尼亚加拉河水流经此地，突然垂直跌落51米，巨大的水流以银河倾倒之势冲下断崖，场面震人心魄，形成了气势磅礴的大瀑布。

尼亚加拉瀑布所在地的表层岩石白云岩，抗侵蚀能力极强。但这层岩石之下却是脆弱的页岩和沙质岩层。瀑布常年冲蚀，使得石灰岩崖壁不断坍塌，致使尼亚加拉瀑布逐步向上游后退。据1842到1927年观测记录，平均每年后退1.02米，落差也在逐渐减小。照此下去，再过5万年左右，瀑布将完全消失。为了挽救尼亚加拉瀑布，20世纪50年代以来，美、加两国政府耗费巨资，采取了控制水流、用混凝土加固崖壁等措施，取得了良好的效果，将瀑布后退速度控制在每年不到3厘米。

81. 尼亚加拉瀑布的最终源头在：
    A 伊利湖　　　　　　　　B 雨水
    C 尼亚加拉河　　　　　　D 安大略湖

82. 尼亚加拉瀑布逐渐向上游后退是因为：
    A 石灰岩崖壁不断坍塌　　B 页岩和沙质岩很脆弱
    C 瀑布经年的强大冲击　　D 以上三项均是

83. 从1842年到1950年，瀑布大约后退了：
    A 1.02米　　　　　　　　B 3.24米
    C 110米左右　　　　　　D 没有确切数字

84. 谁第一个把尼亚加拉瀑布介绍给欧洲？
    A 印第安人　　　　　　　B 法国皇族人
    C 欧洲探险者　　　　　　D 法国传教士

85-88.

有一个人走在路上发现总有一个黑影跟着自己。再看地上，自己每走一步，还留下一个脚印，于是他心里十分担心。他走几步就朝后看看，一个黑影与脚印连在一起，他越来越害怕，总想摆脱这个黑影和这些脚印。他紧走慢走，影子也紧跟慢跟，他怎么也摆脱不了它们。

这个人非常恐惧，一直走呀走。突然看到他老朋友的家，他真的很累，便进朋友家里去歇会儿。等他进了朋友家门后，发现影子不见了，他长长嘘了一口气，说："这下好了，这下好了。"

朋友发现他今天有点不对劲，问他出了什么事，他又不好意思说实话，只是说走累了，想来坐一下，休息会儿。

跟朋友聊了一会儿，休息得也差不多了，见影子、脚印都没有了，所以他打算回去，于是向朋友告辞，出门回家。当他一走在路上，发现影子、脚印又出现了，依然是步步紧跟着自己。这一下他可更加害怕了，使劲地跑起来，想要甩掉影子和脚印。可是他跑得越快影子也跟得越快。他觉得一定是自己跑得不够快才会甩不掉影子的，于是他更加拼命地跑，一刻也不敢停，甚至害怕把影子和脚印带回家去，所以路过家门口时也不敢回去。他就这样拼命地奔跑不停，最后终于跑得精疲力尽而死去了。

85. 这个人对黑影是什么态度？
   A 十分害怕 B 十分生气
   C 十分喜欢 D 十分欣慰

86. 文章第2段中的"这下好了"是指：
   A 影子不见了 B 他可以回家了
   C 他看到他的朋友了 D 可以在朋友这里休息一下

87. 在朋友家时影子为什么没有了？
   A 朋友家很亮 B 朋友家有阴处
   C 黑影没有进去 D 朋友家光线不亮

88. 这个人为什么死了？
   A 被黑影谋杀了 B 被朋友谋杀了
   C 被自己吓死了 D 被家人杀死了

89-92.

最近电视上热播一部电视剧,我也看了。看完觉得它不像以往的爱情剧那样,爱情戏占很大的分量。这部戏主要探讨两代人在交流和沟通上的问题,我觉得很有深度。看完这部剧你会觉得这真是一部不折不扣的女人戏,剧情发展也可圈可点。

不过,我最想说的还是这部电视剧的人物设计,它比剧情要精彩得多。3个家庭都很具有代表性,大女儿丈夫去世的早,自己含辛茹苦把孩子拉扯大,很典型的单亲家庭。二女儿虽然事业上很成功,经济比较宽裕,但是由于过于强势,造成了和丈夫感情上的不和谐,以致离婚,很典型的问题家庭。三女儿虽然经济条件很一般,但是却和丈夫的感情非常好,幸福指数很高,很典型的城市中下层劳动人民幸福家庭的代表。这3个家庭几乎能够让所有的城市家庭在其身上找到自己的影子。而这样的3个家庭在发生了这么多故事之后是如何去面对一切的,却是很值得我们去深思的。

3个母亲都有一个共同点,说不定也是全天下母亲都有的共同点,那就是想把自己的人生经验传授给儿女,让他们少走弯路,可惜总是跟自己希望的相反。3个母亲对孩子的态度又因各自的生活、经历的不同,或多或少有所不同。身为父母,到底应不应该干涉自己孩子的生活,或者应该怎么去指引自己的孩子,这又是一个很严肃的命题,在这个电视剧里,导演和编剧给出了他们的主张,孩子的青春孩子自己做主,父母的黄昏父母自己做主。

89. 文章说的电视剧主要探讨的是:
   A 年轻人的爱情   B 如何找工作
   C 婚姻和爱情之间的差距   D 两代人的交流和沟通

90. 作者觉得这部戏最精彩的部分是:
   A 剧情内容   B 人物设计
   C 时间安排   D 故事发展

91. 文章提到的所有母亲都有的特点是:
   A 爱照顾孩子   B 想让孩子多吃点
   C 想把自己的人生经验教给儿女 D 想把儿女培养成最优秀的人

92. 这最可能是一篇什么文章?
   A 新闻报道   B 影视评论
   C 心理故事   D 艺术文章

93-96.

中国画在古代没有确定的名称，一般称之为"丹青"，主要指的是画在绢、宣纸、帛上并加以装裱的卷轴画。近现代以来为区别外国绘画而称之为"中国画"，简称"国画"。它是用中国所独有的毛笔、水墨和颜料，依照长期形成的表现形式及艺术法则而创作出的绘画。

中国画历史悠久，远在 2000 多年前的战国时期就出现了画在丝织品上的绘画——帛画，这之前又有原始岩画和彩陶画。

两汉和魏晋南北朝时期，社会由稳定统一到分裂的大变化，域外文化的输入与本土文化所产生的撞击及融合，使这时的绘画形成以宗教绘画为主的局面，描绘本土历史人物、取材文学作品的绘画亦占一定比例，山水画、花鸟画在此时萌芽，同时人们对绘画自觉地进行理论上的把握，并提出品评标准。

隋唐时期社会经济、文化高度繁荣，绘画也随之呈现出全面繁荣的局面。山水画、花鸟画已发展成熟，宗教画达到了顶峰，并出现了世俗化倾向；人物画以表现贵族生活为主，并出现了具有时代特征的人物造型。

五代两宋，人物画已转入描绘世俗生活，宗教画渐趋衰退，山水画、花鸟画跃居画坛主流。而文人画的出现及其在后世的发展，极大地丰富了中国画的创作观念和表现方法。

元、明、清三代，水墨山水和写意花鸟得到突出发展，文人画成为中国画的主流。

93. 丹青一般是指画在什么上的画？
   A 绢   B 帛
   C 宣纸   D 以上三项

94. 魏晋南北朝时期在绘画上有什么成就？
   A 以宗教绘画为主   B 提出绘画理论和品评标准
   C 出现山水画和花鸟画   D 描绘历史人物

95. 唐朝时期的宗教画有什么变化？
   A 发展成熟   B 有世俗化倾向
   C 以表现贵族生活为主   D 开始塑造典型人物

96. 文人画成为中国画的主流，是在：
   A 两汉时期   B 元代之后
   C 隋唐时期   D 清代末期

97-100.

　　青年公寓的地址，大多处于城市中交通便利或风景优美的地方。因为大多数青年学生外出使用公共交通工具。如果旅馆位置太偏，没公交可乘，那就没有了客源。在阿姆斯特丹，青年公寓位于市中区最漂亮的公园旁，风景优美，交通便利。布鲁塞尔的"睡得好"与繁华的商业步行街"新街"仅有几百米的距离，去火车北站也只需步行 10 分钟。维也纳青年公寓紧临多瑙河，门口就有巴士前往市中心。巴黎的青年公寓在巴黎三区，城市中心。

　　在我住过的青年公寓中，有一个给我的印象最深，虽然它处于城边，且要步行 10 分钟才能乘巴士进城，但它位于莱茵河公园里面，秀丽的莱茵河在你的身旁静静地流淌，对岸便是德国。

　　在那个青年公寓吃晚餐也是很有趣的。晚餐另收餐费 50 法郎，比外面的餐馆便宜一些。我入住时正巧是晚餐时间，来不及买餐券，当然也因为还不知道规矩，我就跟着一大群学生进了餐厅，吃了一顿。吃完后我才去问前台小姐，晚餐是不是要另外再付钱，小姐大惊："你没交餐票他们也给你饭吃？我可从来没遇到这样的情况，当然也是第一次见到吃完了还来问是否要交钱的人。"

　　青年公寓每天客流量很大，离店的人大多上午 7 点至 10 点办理手续，你完全有希望等别人离店后得到床位。不过就算登记入住了，也并不意味着你马上就能拿到钥匙进入房间。一般来说可以进入房间的时间是下午 4 点以后，在此之前，只能将行李存在行李房或干脆放在大厅的某一个角落，也没有专人负责看管。好在青年学生们都没有什么金银财宝，可以潇洒地将行李一扔，纷纷出门观光。下午回来，取钥匙搬行李，正式入住。

97. 青年公寓大多在交通便利的地方是为：
    A 保证客源　　　　　　B 突出特色
    C 提高价格　　　　　　D 服务当地人

98. 那个青年公寓给作者的印象最深主要在于：
    A 服务设施　　　　　　B 所处的位置
    C 宣传攻势　　　　　　D 特色建筑

99. 我第一次住那个青年公寓吃的第一顿晚餐是谁付的钱？
    A 朋友　　　　　　　　B 同学
    C 自己　　　　　　　　D 免费的

100. 住青年公寓，一般大概什么时候可以正式入住？
    A 上午 7 点　　　　　　B 上午 10 点
    C 下午 2 点　　　　　　D 下午 4 点后

三、书 写

第 101 题：缩写。

（1）仔细阅读下面这篇文章，时间为 10 分钟，阅读时不能抄写、记录。

（2）10 分钟后，监考收回阅读材料，请你将这篇文章缩写成一篇短文，时间为 35 分钟。

（3）标题自拟。只需复述文章内容，不需加入自己的观点。

（4）字数为 400 左右。

（5）请把作文直接写在答题卡上。

　　我曾在家乡小镇当过小学老师，那时班上有个小女孩引起了我的注意，从来没见她笑过。我去家访的时候，她的父亲总不在家，问起她的母亲，她的眼圈立即红了。她的成绩一般，上课也不爱发言，下课时一定是第一个冲出教室的。每次家长会点到她名字时，总没有家长起来响应……

　　在某个周末我又再次来到她家，那时刚好快中午了，她淘米、生火，动作十分熟练。她一边忙着，一边抬头看我，忽然说："老师，您还不走，中午要饿肚子的。"我有点儿生气："老师不会在你这里吃，但一定要等到你爸爸。"她听了感觉有点紧张，吞吞吐吐地说："我爸爸不会回家吃饭的，老师您还是先回去吧。"我恼怒了，她分明淘的是两个人分量的米。

　　这时走进来一个瘦小衰老的男子，她轻轻喊了声"爸"。男子见到我，愣了愣，突然转头离开了，小跑着消失在远处。我吃惊得不知道说什么好。我不再对她抱希望。

　　后来的一天，在校门口，我发现她笑着走过来，脑袋侧在一边。然而，那天的课堂上，她还是跟往常一样的安静，课间休息时，也仍旧一个人趴在桌子上。

　　我大惑不解，多日后，在校门口又一次意外地撞见她，她还是侧着脑袋笑着走来。她从我身边经过时，我忍不住叫住她，问她为什么这么高兴。显然她没有想到我会叫住她，脸上的笑容瞬间僵住了。循着她的目光望去，竟发现她的父亲正站在不远处，身边有两副担子。我看到他父亲也发现了我，但是他却假装没看见。

放学后，我把她叫到办公室，批评了她。因为我以为她是觉得她爸在校门口摆地摊让她丢脸，才不愿在校门外叫他一声"爸"，也因为这样她总是第一个离开教室。我告诉她，这样做是不对的，爸爸会伤心的。她紧紧地咬住嘴唇，眼泪不住地往下流，过了很长时间，她像下了很大决心似地开口："我爸爸他听不见，我早点回去是为了做好饭等爸爸。"我呆住了，想起她路过校门口时的微笑，那微笑一定是在喊"爸爸"。

我将声音放柔，对她说："是老师错怪你了，可是你应该好好想想，你爸爸这么辛苦地把你养大，他最希望的就是你好好学习，将来有出息。"

她拼命地点头。从那以后，她的成绩突飞猛进，从以前的倒数几名一跃成为班里的前几名。很多同学都来向她请教问题。她的脸上也渐渐地有了笑容。

又一次家长会，每个优秀生都要上台发言几分钟。那天，她拿着事先准备的稿子走上讲台，声音发颤："以前不认真学习是看到爸爸工作辛苦，想着自己能早点出去挣钱，让爸爸轻松点……本来这次家长会我叫爸爸一定要来，可爸爸还是不愿意来，他怕别人因为他而小瞧我，可我要说一声，爸爸，我爱您！"

台下响起了热烈的掌声。

听力材料（卷一）

（音乐，30秒，渐弱）

大家好！欢迎参加HSK（六级）考试。
大家好！欢迎参加HSK（六级）考试。
大家好！欢迎参加HSK（六级）考试。

HSK（六级）听力考试分三部分，共50题。
请大家注意，听力考试现在开始。

第一部分

第1到15题，请选出与所听内容一致的一项。现在开始第1题：

1. 春天，我在家门前种了一些小青菜，想起它时，便浇浇水。后来我发现小青菜长得很慢，问种了多年菜的邻居，他说："你以前没有辛勤施肥、浇水，现在晚了，长不大了。菜过了气候了。"

2. 有一个人去应聘工作，随手将走廊上的废纸捡起来，放进了垃圾桶，被路过的面试官看到了，因此他得到了这份工作。原来，获得欣赏很简单，养成好习惯就可以了。

3. 这是南美洲一种奇特的植物，它会走。它生存需要充足的水分，当水分不充足时，它就会把根从土壤里拔出来，让整个身体缩卷成一个圆球。随风到水分充足的地方再打开扎根。

4. 近日，一名英国男子在泰国捕获一条重约90公斤的巨型鲇鱼。这条鱼比之前在湄公河捕获到的最大鲇鱼还要重13公斤。该男子和同伴举着这条鱼拍照留念后，就将这个大家伙放生了。

5. 生活中，总有一些人，整天开开心心、快快乐乐；也总有另外一些人，天天愁云密布，眉头不展，快乐还是忧伤，自然有各种各样的现实原因，但最根本的原因只有一个：你的心态。

6. 兔子是奔跑冠军，可是不会游泳。于是，小兔子去学游泳，耗费了大半生的时间也没学会。它问猫头鹰："我很努力，但为什么学不会游泳？"猫头鹰说："兔子是为奔跑而生的。"

7. 加州迪斯尼乐园是世界最受欢迎的主题乐园之一，以米老鼠为首的迪斯尼家族，每年都有新成员加入，加上软硬件不断推陈出新，使得这儿成为观光客前往洛杉矶绝对不会错过的重要景点。

8. 如果你问赛车手，他们是如何在紧要关头不撞到任何东西的，你得到的答案是："看你想去的地方，不要看你不想去的地方"。如果你看着墙壁，很可能你就会撞上去。

9. 如果你打电话的时候，弯着腰躺在椅子上，对方听你的声音就是懒散的，若坐姿端正，所发出的声音也会悦耳，充满活力。因此打电话时，即使看不见对方，也要尽可能注意自己的姿势。

10. 朋友让我猜谜。他问："在台湾的超市，你会看到这样的标牌——本店有摄像监视。那后一句话是什么？"我回答道："是'偷盗罚款'吧。"可是，我朋友说："是'请你保持微笑'！"

11. 不少人认为运动就是那些让人大汗淋漓的激烈运动，甚至不认为行走是一种运动，这是一种对运动的偏见。其实行走可以改变很多不规律的生活习惯，还可以治疗头痛、腰痛、肩痛等，并且可以促进睡眠。

12. 挑选葡萄酒从认识酒标开始，酒标必须提供一些和这瓶酒有关的资讯，通常情况下，酒标会包含：名称、产区、酒厂名、原产国、葡萄品种、葡萄采摘年份、葡萄酒等级、容量以及酒精浓度这几方面。

13. 指导教授是个极其有名的音乐大师。授课的第一天，他给自己的新学生一份乐谱。乐谱的难度颇高，学生弹得错误百出。"还不成熟，回去好好练习！"教授在下课时叮嘱学生。

14. 无论在北京还是上海，因为早上起得早，出门散步总会遇见很多老人。在北京日坛公园，我看见过遛鸟的，还看见过吊嗓子的，再有就是老奶奶跳秧歌舞的，每人的步幅都相当大，活力四射。

15. 守株待兔是指希望不经过努力而得到成功的心理。这告诉我们，切不可把偶然的侥幸作为做事的根据，如果抱着侥幸的心理，片面地凭着老经验去办事，一般是不会成功的。

第二部分

第 16 到 30 题，请选出正确答案。现在开始第 16 到 20 题：

第 16 到 20 题是根据下面一段采访：

男：雯雯，我在一些报道上看到，你好像跟水特别的有缘。两岁时，第一次进游泳池的时候就敢往水里跳。你来给我们讲讲当时是怎么样个情况吧？

女：因为我家就住在游泳馆旁边，我爸也经常会去游泳，也会带着我去。当时，我就趁我爸一不留神，就自己跳下去了，我也不害怕。

男：那你爸爸吓坏了吧？

女：是呀！他就跳下去救我去了。我妈妈不会游泳。她觉得，这么点儿小孩就让跳下去了，说我爸爸太不在意了。我当时一点事都没有，也没哭。

男：那后来呢？你是直接去练跳水了呢，还是去从事其他的运动了？

女：我爸妈都是练田径的，所以我很小就跟我爸妈到田径场跑步。后来，就在省体校练技巧。技巧不是奥运会项目，而且当时技巧队也要解散了，所以就想转行到别的项目。我非常喜欢跳水，后来就练了跳水。

男：看来那个时候，你还是很执着的。

女：当时我妈说要不然你去练体操。我觉得体操太苦了，而且我也不喜欢。跳水毕竟跟水有关，我就特别喜欢这个项目。我特别喜欢水。

男：那跳水没有体操苦吗？我觉得好像每个项目都是很苦的。

女：可能是因为当时我练技巧，跟体操队在一起训练，就觉得她们特别辛苦。而且，当时不知道，以为跳水不用降体重。因为女孩总要面临降体重的问题，也觉得是非常痛苦的事情。但其实，跳水也是需要降体重的。

男：从事跳水有 10 年了，不知道退役后准备做什么？

女：我自己并没有打算要退役。我现在是人民大学的学生，不管今后是不是继续练，9 月份都要入学了。我只是想先好好学习，然后再做以后的打算吧。

16. 雯雯第一次接触水是在什么时候？
17. 雯雯接触田径运动，主要原因是什么？
18. 雯雯什么时候开始练跳水？
19. 跟练体操相同的是，跳水也需要女孩子做什么？
20. 除了是运动员，雯雯现在还有什么身份？

第 21 到 25 题是根据下面一段采访：

女：您作为这次会议的"新面孔"，农民工的代表，此时您最想说的话是什么？
男：我最想说的就是我作为一个农民工代表，起着联系农民工与党和国家的桥梁作用。我还是以前的农民工，骄傲一点都没有，我感觉自己肩上的担子比较重。因为我是一个很普通的农民工，对相关的法律都不太懂，但是我现在正在努力地学习，我会为农民工工友做出一些贡献。
女：这次来北京您带来什么样的提议？目前农民工最希望解决的是什么？
男：我们农民工近几年生活和工作在不断地改善，这来自社会各界对我们的关照。我在接到通知的时候，我班上的工友都非常高兴。
女：很多的工友知道您当选了全国人大代表都替您高兴，是吗？
男：是的，他们给我提出了一些建议，让我带给党和政府。
女：您举例说明一下。
男：我正在上班的时候，工友就跟我说，你当了人大代表，今后你要呼吁给我们农民工更好的福利待遇和生活待遇，让我们的工作条件得到改善。
女：农民工最关心的是什么问题呢？
男：我这几天也做了一些总结，我们应该在技术方面得到培训，我想这个培训应该有两个阶段。一是我们农民工所在的当地政府部门应多提供一些基本的培训。通过培训，农民工外出打工基础可能会好一些，能够找到更好、更多的工作。另外一个就是用人单位应该根据实际情况对农民工加以培训，这对我们也是一种发展。其实农民工工会已经组织我们进行了一些技术培训，我们希望有更多的培训机会，出去能找到更好的工作。

21. 男的最可能是什么人？
22. 当得知男的要参加会议时，工友们都是什么心情？
23. 工友们希望什么得到改善？
24. 农民工最关心什么问题？
25. 对于自己当选为会议代表，男的是什么感觉？

第 26 到 30 题是根据下面一段采访：

女：高考刚结束，据报道，今年共有 84 万考生放弃高考，这 84 万人中间，其中有一部分学生是因为要出国留学。这是目前媒体上热议的话题，李老师，对这一现象您怎么看？

男：高中毕业生放弃中国高考而选择出国留学，或放弃已考上的中国大学转而出国读书，从几年前的特殊现象，目前已经转变成为一个常见的社会现象。这种社会现象反映了中国学生在接受教育的选择上已经不再仅仅局限于国内，而是在全世界范围内选择适合自己的教育。

女：高考结束了，对于广大考生来说，这段时间是等待成绩。这个时间段，对于有留学意向的学生，您对他们有何建议？

男：针对目前高考生，我们机构推出了"高考留学两不误"的计划。目前的高考生不知道自己的高考成绩，不知道自己能否被某所大学录取，犹豫到底是在国内读书还是出国留学。这期间我们帮助大家，在不放弃国内高考和录取机会的前提下，同时办理留学手续。万一既被国内的大学录取又被国外的大学录取，你可以选择到底去哪里就读。如果愿意在国内的大学读书，我们会全部办理申请退费手续，不会收任何的费用，不会耽误国内的升学和国外的留学，这个计划非常适合今年高考的毕业生。

女：对大部分的考生来说，谈到留学还是比较陌生，具备什么样的条件才可以考虑留学这件事呢？

男：很多同学有一个误解，认为留学一个需要钱，第二需要非常棒的英语，第三需要很好的成绩。

女：有学生担心，国内都没有考上大学，怎么能上国外的大学？

男：其实国内的高考成绩和到国外留学的相关性不太大，多数国外的大学甚至并不参考中国的成绩，因为他们考察学习能力的重点与国内不一样，往往海外的名校要求学生的学习能力比较强，但是中国的高考并不全部代表学生的学习能力。假如说你高考成绩很差，不要以为在国外也不行，其实国外大学强调的是知识点的考核。

26．一部分考生因为什么放弃高考？
27．本采访最可能发生在什么时候？
28．男的最可能是从事什么行业的？
29．对话中提到的"两不误"计划，对什么人最实用？
30．外国大学主要强调的是对什么的考核？

第三部分

第31到50题，请选出正确答案。现在开始第31到33题：

第31到33题是根据下面一段话：

租顶楼房子的时候，房东仔细交代我要注意的事项，最后特别提醒我，楼下的何爷爷脾气不好，以前的房客就是因为总和他吵架，最后没办法才走的。

我心想，我住楼上，他住楼下，没什么接触，所以房东的话我并没有放在心上。

周日，天气晴朗，我把攒了一周的衣服统统洗掉，晾在平台上一根牵好的绳子上。等我下午收衣服时，发现自己的衣服被丢到一边的空地上，腾出来的位置平平展展地晾着衣物。邻居告诉我，这绳子是楼下何爷爷牵的。这次，我领教到了何爷爷的厉害。

我发现他特别爱干净，几乎每天都会洗一堆衣服。我在顶楼，一看到下雨，就去帮他把衣服收进来，送到他家。有一天，我和何爷爷一起晒衣服，他主动留了一段绳子给我。

31．对于房东的嘱咐，我开始时怎样想的？
32．我的衣服为什么被丢在了一旁的空地上？
33．何爷爷有什么特点？

第34到36题是根据下面一段话：

有一家不足10平米的"变态烤翅"烧烤店，从店面开张以来，生意一直不错，更吸引了许多年轻人前来试"辣"，菜单上有13个品种，客人最喜欢尝试的还是"变态烤翅"。

当你一口吞下"变态烤翅"后，你会感觉整个嘴里都是辣味，头皮逐渐有发麻的感觉。

变态烤翅的特色是，它用的调料是一种特制的辣椒油，因此很辣。来吃的很多年轻人虽然被辣得一把鼻涕一把泪，但还是继续坚持，以雪糕和冰水缓解辣滋味。

不过医生也提醒我们，辣的食物，对人的胃有损害，建议喜好吃辣的人们可以在吃之前先喝点牛奶，这样可以给胃加上一层保护层，对于养胃和健胃都会有好处。

34．变态烤翅最大的特点是什么？
35．去那里吃烤翅的人，都有什么表现？
36．吃辣的之前先吃点什么比较好？

第37到39题是根据下面一段话：

现在只有两岁多的一女孩，智商竟高达156。不久前她加入了当地的一个组织，成为这个高智商组织中年龄最小的一名会员。

这名女孩出生于2006年12月16日，她不满5个月就会喊"爸爸"；8个月大时学会走路；18个月大时就可以从1数到20，会唱童谣，认识音标字母表，可以说出6个国家首都的名字。现在两岁多的她竟然可以回答出所有国家首都的名字，而且是用西班牙语。

她的父母各自的家族中曾出现过医生、律师，但从未出现过天才儿童。父母亲也干着平常工作，母亲是一家搬运公司的客户经理，父亲是购车顾问。

37. 小女孩加入的组织中，会员是什么样的人？
38. 小女孩能用什么语说出所有国家首都的名字？
39. 小女孩的妈妈在什么地方工作？

第40到42题是根据下面一段话：

有个名叫平乐的古镇。当"平乐"两个字从口中发出时，人们对美好生活的向往也随之而出。平和而喜乐，朴素而恬静，每读一次，似乎幸福的暖流就涌一次。

平乐古镇以"秦汉文化，川西水乡"风情著称。古镇有九古：古街、古寺、古桥、古树、古堰、古坊、古道、古风、古歌。

到达小镇的第一件事：买一张手绘的平乐地图，古旧的牛皮纸捏在手中，很符合这个秦汉古镇的味道。小镇不大，有很多特色的小商品店，可以淘一些特产带回家。红豆腐、古镇麻饼、小木凳、手编草鞋、乌木制品，可选择的太多了。小镇虽小，生活也蛮有情调，在白沫江边喝喝茶，打打牌，看郁郁葱葱的狗尾巴草和芦苇在风中招摇，或闭目静养，听河水从身边哗哗流过。

40. 作者觉得"平乐"两字给人什么感觉？
41. 到古镇游玩，第一件事情是干什么？
42. 小镇有很多特色东西，下面哪项作者没有提到？

第43到46题是根据下面一段话：

她是公共事业管理专业05级学生，来自一个农村家庭，有两个姐姐一个弟弟。入学时，学校为其办理了助学贷款，并减免部分学费，她才得以入学。

入校后，她找到两份家教，每月能赚500元。经她辅导的一名初二学生，不到一学期，成绩由中等变为优秀，她的家教名声一下传开。

最多的时候她1个月做8份家教：一名学生每周5次，其他每周一次，每月能挣2000元。她告诉我们，她周末早上买些馒头或蛋糕，中饭和晚饭在公交车上吃。她每月伙食费不过200元，很少买新衣服。她始终铭记上大学前对父母的承诺：不花家里一分钱。3年来，她向家里寄回2万元，每次回家都给父母带礼物。

进入大四的她想考研。考虑到她的作息时间"不规律"，该院破格允许其在校外租房复习备考。她自强不息的故事感动着全校师生。

43．她现在是大几的学生？
44．她向家里寄的钱主要是怎么来的？
45．她最多时一个月做了几份家教？
46．目前她有什么打算？

第47到50题是根据下面一段话：

悉尼歌剧院是澳大利亚全国表演艺术中心，又称海中歌剧院。白色的帆状屋顶由10块大"海贝"组成，最高的那一块高达67米。

整个歌剧院分为三个部分：歌剧厅、音乐厅与贝尼朗餐厅。歌剧厅、音乐厅及餐厅并排而立，建在巨型花岗岩基座上，各由4块大壳顶组成。这些"贝壳"依次排列，前三个一个盖着一个，面向海湾依抱，最后一个则背向海湾侍立。

歌剧院规模宏大，陈设讲究，演出频繁，除圣诞节与耶稣受难日外，每天开放16小时，平均有10个不同的活动项目，可同时容纳7000余人，旅游者、观众从早到晚人来人往。入夜，到这里来的人，不只是看演出，还来贝尼朗餐厅吃饭与观赏夜景。歌剧院已成为澳大利亚最热闹的场所。它也已成为悉尼的标志。

47．悉尼歌剧院的屋顶由什么颜色的"海贝"组成？
48．歌剧院三个部分一共有多少个大壳顶组成？
49．歌剧院除了哪两天之外，每天都开放16小时？
50．傍晚来歌剧院的人除了看演出，还干什么？

听力考试现在结束。

新汉语水平考试
HSK（六级）

卷 二

注 意

一、HSK（六级）分三部分：

    1. 听力（50题，约35分钟）

    2. 阅读（50题，50分钟）

    3. 书写（1题，45分钟）

二、听力结束后，有**5分钟**填写答题卡。

三、全部考试约140分钟（含考生填写个人信息时间5分钟）。

一、听 力

第一部分

第1-15题：请选出与所听内容一致的一项。

1. A 妈妈今天打扮了
   B 妈妈从来不生气
   C 今天妈妈生气了
   D 不生气的妈妈很漂亮

2. A 开车时不能戴太阳眼镜
   B 太阳眼镜都能挡紫外线
   C 太阳眼镜的遮光度是一样的
   D 开车不能戴可挡紫外线的眼镜

3. A 开罗的古迹很多
   B 开罗只有老电梯
   C 开罗有很多老电影
   D 在开罗可以改变时间

4. A 狐狸不想吃葡萄
   B 狐狸吃了酸葡萄
   C 狐狸种了一颗葡萄
   D 狐狸没有吃到葡萄

5. A 简化艺术让人安静
   B 房间里的饰品要清理掉
   C 脏乱的房间能带来压力
   D 干净的房间会带来压力

6. A 父母总是比孩子好
   B 孩子各方面都比父母好
   C 孩子一些方面比父母好
   D "父母是孩子最好的老师"不对

7. A 喝茶都要准备红糖
   B 喝茶有一定的讲究
   C 喝茶时一定要用勺子
   D 敬茶时杯把没有讲究

8. A 宠物的速度很快
   B 人们对宠物没有感情
   C 养宠物的人不是很多
   D 宠物逐渐影响人们的生活

9. A 很多人在看电影
   B 观众的座位很少
   C 他的演奏很精彩
   D 观众不喜欢坐在座位上

10. A 朋友的孩子在找工作
    B 农场主人要锻炼孩子
    C 农场主人让孩子培养农作物
    D 农场主人让孩子工作为省钱

11. A 周末人们喜欢吃面包
    B 上班时人们不爱吃东西
    C 上班时人们吃得比较多
    D 休息时人们吃得比较多

12. A 只有男人参赛
    B 登高赛很容易
    C 登高赛很辛苦
    D 冠军赢得很轻松

- 33 -

13. A 今年的杨梅不能成熟
    B 今年的杨梅已经采完
    C 今年的杨梅成熟较晚
    D 今年的杨梅还要10天才成熟

14. A 解决问题要灵活
    B 要根据条件做事情
    C 地点总是不断变化
    D 事物都是永远不变的

15. A "公寓"餐厅不能做饭
    B "公寓"餐厅像家一样
    C "公寓"餐厅只有厨房
    D "公寓"餐厅还没有营业

第二部分

第16-30题：请选出正确答案。

16. A 第一次
    B 第二次
    C 第三次
    D 第五次

17. A 来旅游
    B 参加活动
    C 举办个人展
    D 准备定居上海

18. A 小说
    B 歌曲
    C 中国画
    D 名胜古迹

19. A 不在乎
    B 有信心
    C 有点儿担心
    D 怕观众理解不了

20. A 怎么管理
    B 如何交流
    C 做人的道理
    D 很多好的方法

21. A 一家酒吧
    B 一家饭馆
    C 一家咖啡店
    D 一家卖光盘的店

22. A 洒脱
    B 精致
    C 热闹
    D 丰富精彩

23. A 领导取的
    B 自己取的
    C 朋友们取的
    D 网上的朋友取的

24. A 一个月
    B 四十多天
    C 一年左右
    D 好几年了

25. A 谦虚的生活
    B 美好的生活
    C 真实的生活
    D 别人的生活

26. A 调皮捣蛋的精神
    B 快乐向上的精神
    C 友好合作的精神
    D 互相比赛的精神

27. A 他的爱人
    B 不再续写
    C 喜欢蓝精灵的人
    D 他的儿女及之后的画家

- 35 -

28. A 多看些漫画
    B 温习以前的
    C 看父亲的指导
    D 多画几种类型

29. A 10个
    B 50个
    C 101个
    D 200个

30. A 喜欢唱歌
    B 喜欢排队
    C 喜欢聚会
    D 喜欢聊天

第三部分

第31-50题：请选出正确答案。

31. A 天生的
    B 交通意外
    C 与人打架
    D 在农场工作

32. A 五六个
    B 十来个
    C 四十个人
    D 五十来个

33. A 肌肉
    B 骨骼
    C 动脉
    D 静脉

34. A 因为被欺负
    B 因为太普通
    C 因为很孤单
    D 因为没实现自己的价值

35. A 地方偏僻
    B 没人喜欢它
    C 被人踩在脚下
    D 大石头挡住它

36. A 消失了
    B 继续发出亮光
    C 被人们发现了
    D 被掩盖在泥沙之中

37. A 1个
    B 2个
    C 3个
    D 4个

38. A 美国
    B 日本
    C 瑞士
    D 丹麦

39. A 俄罗斯
    B 日本
    C 印度
    D 中国

40. A 三岁
    B 五岁
    C 十岁
    D 十二岁

41. A 小孩子
    B 青年人
    C 老年人
    D 中年妇女

42. A 临时停电
    B 设计出了问题
    C 不小心摔了一跤
    D 有技术性小故障

43. A 豹
    B 鸵鸟
    C 恐怖鸟
    D 大狮子

44. A 不能飞翔
    B 天性食肉
    C 跑得非常快
    D 一口只能吞下一个苹果

45. A 俄罗斯
    B 中国西部
    C 南美洲大陆
    D 北美洲大陆

46. A 3 米
    B 8 公斤
    C 250 公斤
    D 500 公斤

47. A 1 次
    B 7 次
    C 16 次
    D 25 次

48. A 死于疾病
    B 嫌他穷困
    C 不再爱他
    D 被他赶走

49. A 3 岁
    B 10 岁
    C 19 岁
    D 25 岁

50. A 父母强烈要求
    B 女的猛烈追求
    C 不能忍受寂寞
    D 想拥有真正的家

二、阅 读

第一部分

第51-60题：请选出有语病的一项。

51. A 令她感到意外的是，竟然每家店都可以打折。
    B 这里这么多药材，到底不适合孕妇食用？
    C 妇联为咱农村女性办了一件实实在在的贴心事。
    D 改革开放过程中祖国的每一点变化与进步，都牵动着他的心。

52. A 如果没有人陪，就学着一个人听音乐、看书或写日记。
    B 这位老兄真不给面子，说是这段时间没有空，不能见我。
    C 他说，于是李老爷子年纪大了，拍完戏后不敢随便约他见面。
    D 那时我白天听课夜里做题，常常院里人都睡了，我的灯还亮着。

53. A 大多数平价时装店都偏爱巴拿马帽和爵士帽。
    B 小刘十分感慨地说，在农村照样能干出一番事业！
    C 她的姓名、身份证号码、住址等都竟全上了当地的一家报纸。
    D 工商部门检查和全面监督的范围已扩大到蛋糕、奶糖、饼干等含奶食品。

54. A 田径和游泳，本来就是体育比赛中两个最基础的项目。
    B 市民只要掌握事实，自然就有辨别是非的能力，不会过分恐慌。
    C 文字有一种不能代替的优势，那就是它能够激发内心的想象。
    D 她自从来进了山，就对这片陌生、安静的山里世界产生了浓厚的兴趣。

55. A 幸亏燃烧时油箱已打开，里面没有油，才不有导致爆炸。
    B 一棵桃树里居然生长着一棵杏树，像是两个拥抱在一起的亲人。
    C 假如你想在某个领域有所成就，就得把精气神全部融入其中。
    D 戴帽子能令你很有个性，而且也是太阳照射时保护皮肤的方式之一。

56. A 在任何场合，闭口不说话都是值得提倡的。
    B 粗粮是健康食品，不但含有多种营养，还能提供多种纤维。
    C 饭局一散，我发现他们都忙极了，各人都有自己的下一站。
    D 卧室是人们经过紧张的工作后一天最好的休息空间，它应是安静而舒适的。

57. A 家长得到班主任老师通知后，随即将孩子送进医院。
    B 本想等戏播出的时候请他出来一块聊聊，但是因为各种原因耽误。
    C 还有6天就到圣诞节了，晚上灯光将这里点缀成了一个童话世界。
    D 我们不会让在座的企业家失望，也不会让我们的人民乃至世界人民失望。

58. A 假如买的东西多，在打完折的基础上价格还可以再商量。
    B 喝汤也有学问，感冒时不宜喝汤进补，因为油腻的汤容易让感冒变严重。
    C 她是中国第一代女画家，其作品优美华丽、画法有特色，给称为优秀画家。
    D 人生犹如一盘棋，从最初的一枚棋子落下，直到最后，胜负是一回事，留下怎样的棋形是另一回事。

59. A 一个没有受过激励的人，仅能发挥其能力的 20%到 30%；而当他受到激励时，之能力可以发挥 80%到 90%。
    B 他身材高瘦，一个人坐在一张方桌前，仔细地将鸡蛋皮剥干净，然后才很享受地咬下一口。
    C 在菲佣刚刚进入香港时，聘请菲佣的主要是居港的英美家庭。
    D 他历任多所艺术院校的教授，教过西洋画、国画、色彩学，也开创了融中西艺术技法于一体的革新画种。

60. A 热带风暴"蔷薇"已逐渐远离华东沿海，对上海的影响明显减弱。
    B 许多硬盘问题是由零件磨损而致位置排列不正引起的，最终导致电脑无法读取硬盘数据。
    C 他告诉我，有人走进书店或图书馆，看到一排排书架，就感到心口不适，呼吸困难，需要赶快出去。
    D 最近，不知怎的，突然喜欢早早地起床，去跑跑步。至于我这个懒人有这么大的改变，朋友都觉得我不正常了。

第二部分

第61-70题：选词填空。

61. 到2030年，城市化程度将_____60%。由于拥挤的住房和恶劣的卫生条件，传染病会更加常见。_____二氧化碳排放量的增加和吸收二氧化碳的植物减少，全球变暖的速度_____会加快。

  A 到达 跟着 许多   B 达到 随着 也许
  C 降到 看着 或许   D 降到 随便 也是

62. _____我吃饭的时候，那女佣低着头，拖着地板，走过我的身旁。她的年纪_____比我小一些，但白发却多了许多。握着拖把的手好细，_____比那拖把的杆还细。

  A 在 算起来 类似   B 给 说起来 似的
  C 对 实际上 几乎   D 当 看起来 似乎

63. 有一句俗话_____，人生何处不相逢。有时我们觉得这个世界很大，人与人_____的相遇要靠着难得的运气或缘分。没有缘的，一生一世也_____见得到一次面。

  A 要 相间 不必   B 讲 中间 未免
  C 说 之间 未必   D 有 之中 未来

64. 我在病床上睁开双眼，看见的是一_____白色，头很疼，时间让我明白自己_____了一次生与死的斗争。当我静下心来，细细_____全部过程时，那种瞬间失去重心、从空中滑落的感觉_____了我。

  A 面 经过 感觉 弥补
  B 幅 历时 回答 引导
  C 片 经历 回忆 吸引
  D 块 过程 体会 吸收

65. 大学_____，江明这个瘦弱的小青年以江南人特有的聪慧_____。他那出色的国文、外文，赢得了曲学大师吴梅的青睐，_____得到了陈寅恪教授的欣赏。毕业后，他到了国学院，_____陈寅恪对门而居，任其助教。

  A 时期 一击即中 其实 和
  B 年代 清新脱俗 特别 在
  C 期间 脱颖而出 并且 与
  D 时代 出类拔萃 甚至 比

66. 香港街头有很多东南亚女性，或_____儿童上学、放学，或陪护老人散步；而到了假日，_____是维多利亚公园，还是九龙公园，都成了她们聚会的_____，或席地而坐，或随兴歌舞……此时你_____惊叹，香港有如此多外佣。

  A 陪伴 不论 场所 不得不
  B 相伴 不管 场地 不要不
  C 陪同 无论 地方 不得没
  D 陪护 不但 场景 不仅不

67. 过了70岁，奶奶脸上的皮肤依然白皙，偶尔她还会_____地绣一对漂亮的枕套，洁白的棉布底子上是大朵大朵盛开的牡丹。她_____保持着神秘，那_____传闻已久的结婚照，央求多次她都不肯拿_____给我看。

  A 知足常乐 开始 面 过来
  B 自娱自乐 始终 张 出来
  C 自力更生 一直 幅 起来
  D 朝气蓬勃 最终 片 出去

68. 他是一个在物理_____很有天分的孩子。一次，在饿极了的时候，他在我的房间_____拿了一些食物，正好被我撞见。我责问他，他没有_____，也没有哭泣，_____低声地说了声："老师，对不起！"

  A 方法 静静 解说 但是
  B 里面 暗暗 解释 还是
  C 领域 悄悄 辩论 可是
  D 方面 偷偷 辩解 只是

69. _____在金融危机中失去工作的投行职员来说，如果是中层，到相关企业找个副总、总监_____的职位比较容易。_____刚入职的新人。他们到其他行业_____从头干起，很难适应薪酬待遇和职业成就感上的_____。

  A 在于 等等 笑的是 之于 差距
  B 对于 什么 苦的是 等于 落差
  C 关于 这样 累的是 等到 差额
  D 对此 一样 好的是 相当 下落

70. 牛顿当皇家造币厂厂长时，年薪2000英镑，这绝对是一大____钱。比他晚100年的马克思在伦敦，每年的生活费____几百英镑，还能请得起保姆。按理说做了____牛津大学的教授，退休后又得到这个高薪职位，他的经济状况应该不错，_____他临死前经济却很困难。

  A 叠 只能 一时间 但是
  B 批 只是 一下子 可以
  C 本 只要 一生中 奈何
  D 笔 只有 一辈子 可是

- 42 -

第三部分

第71-80题：选句填空。

71-75.

夫妻俩总是因为一点儿小事就吵个不停。一天中午，妻子做了几个拿手好菜，（71）_____，于是她就拿瓢到酒缸里去取酒。

她朝缸里看了一眼，看到了自己映在酒中的影子。她没细看，一见缸中有个女人，以为是丈夫对自己不诚实，偷着把女人带回家来藏在缸里，嫉妒和愤怒一下子都来了，（72）_____："你这个混蛋，竟然敢瞒着我偷偷把别的女人藏在缸里面。你快过来看看，看你还有什么话说？"

丈夫听后觉得莫名其妙，不知道发生了什么事情，于是赶紧跑到缸边朝里面看，（73）_____。他一见是个男人，也骂起来："你这个坏女人，分明是你带了别的男人回家，把他藏在酒缸里面，反而诬陷我，你到底安的是什么心！"

两人越说越大声，越说越生气，闹得没有办法。最后闹到了官府，官老爷听完夫妻二人的话，（74）_____，就吩咐其他人把缸打破。一个侍卫抡起大锤，一锤下去，酒从被砸破的大洞流了出来。不一会儿，酒流光了，缸里也就没有人影了。

夫妻二人这才明白他们嫉妒的只不过是自己的影子而已，（75）_____，于是就互相道歉，又和好如初了。

A 心中很羞愧

B 她想都没想就大声喊起来

C 心里顿时明白了大半

D 看见了自己的影子

E 想到如果来点酒就更好了

76-80.

豆腐从古至今，一直扮演着平民化价格、贵族般享受的盘中餐角色，是所有中国人都熟悉的一种食品。

（76）_____，很多人认为是从汉朝的刘安开始的。刘安的母亲喜欢食用黄豆。有一天母亲卧病在床，刘安便命人将黄豆磨成粉，加水熬成汤以便让母亲食用，但又怕食之无味，因此加了点盐来调味，（77）_____，而这也正是豆腐最初的形状。当豆腐雏形产生后，他便与方士们共同试验，经过多次研究之后，终于发现石膏或盐类可使豆乳凝固成豆腐，用以烹调十分可口，（78）_____。

豆腐作为食药兼备的食品，具有益气、补虚等多方面的功能。据测定，一般100克豆腐含钙量为140毫克到160毫克，豆腐又是植物食品中含蛋白质比较高的。因此，常吃豆腐可以保护肝脏，（79）_____，增强免疫力并且有解毒作用。

豆腐以及其他大豆制品，营养丰富，价格便宜，能补充人体需要的优质蛋白质、维生素等。但是经常吃豆腐者，应该适当增加碘的摄入。（80）_____，将豆腐配上海带一起吃，是十分合理的搭配。

A 豆腐的起源

B 而海带含碘丰富

C 促进机体代谢

D 没想到居然结成了块

E 从此豆腐在民间开始流传

第四部分

第81-100题：请选出正确答案。

81-84.

我们都知道海水又苦又咸，含有大量的盐分。大海是储藏食盐的宝库。因为地壳的变化，食盐也大量地蕴藏在内湖、岩井和矿石中，因此，盐的种类很多，有海盐、池盐、井盐和岩盐等几种。

食盐，学名叫"氯化钠"。从它和明矾、冰糖的比较中，我们可以更了解它。

如果我们用小锤子砸盐粒，不管砸成多么小的颗粒，它还是白色的立方体。而明矾却不一样，在没有受潮时，它虽是晶体，却不是白色的，而是半透明的；不是立方体，而是呈八面体。由于它吸水性强，即使不用小锤子敲击，在空气中也会自然潮解，变成粉末状。

食盐和冰糖都是固体，这是它们的相同之处。但是它们也有不同的地方，我们只要用舌头尝一下就能分辨了：冰糖是甜的，而食盐都是苦咸的。

就其一般性状来说，食盐味咸，是一种白色的立方体型晶体。食盐尽管不像冰糖那样受人欢迎，但是，它的用途却十分广泛。

正常情况下，人们每天早上吃的咸菜，中午吃的菜和汤，晚上吃的饺子、面条，都要加进适量的食盐，使食物的味道更加鲜美，食盐起着调味作用。更重要的是食盐含有人体每天必须的微量元素。

81. 下面哪项不是食盐蕴藏的地方？
 A 岩井 B 矿石
 C 海水 D 木材

82. 用小锤子砸盐粒，它会变成：
 A 白色的八面体 B 白色的立方体
 C 半透明的八面体 D 半透明的立方体

83. 关于食盐、明矾和冰糖，错误的是：
 A 食盐和冰糖都是固体 B 食盐吸水性强，会自然潮解
 C 盐粒是白色的，明矾是半透明的 D 冰糖是甜的，而食盐都是苦咸的

84. 人们为什么离不开食盐？
 A 它使食物更鲜美 B 它起着调味作用
 C 它含有人体所需的营养素 D 文中没有提及

85-88.

蜜蜂是过群体生活的。在一个蜂群中有三种蜂：一只蜂王，少数雄蜂和几千到几万只工蜂。

蜂王的身体最大，几乎丧失了飞行能力。不过这没有关系，它有千千万万个儿女，它们可以供养它。在蜜蜂的家族中，只有蜂王可以产卵，它一昼夜能为蜂群生下1.5到2万个兄弟。蜂王的寿命大约是三年到五年，在蜜蜂的家族中它算得上是寿星了。

雄蜂和普通的蜜蜂大不相同，它"人高马大"，身体粗壮，翅也长。它的责任就是和蜂王交尾。交尾之后，它也就一命呜呼了。

工蜂在蜜蜂家族中数量最多、职责最大，它们是蜂群的主要成员，工作也最忙：采集花粉、花蜜，酿制它们的"口粮"，哺育它们的弟弟们，喂养它们的母亲，修造它们的房子，保护家园，调节室内温度和湿度……别看这样，它们的身体是非常弱小的，寿命也只有6个月，就像天空的流星一样，仅有一点儿时间去闪耀自己的光辉。

蜜蜂是自然界里最勤劳的昆虫。开花时节，它们忙得忘记早晚，有时还趁着月色采花酿蜜。要酿一公斤蜜，必须在100万朵花上采集原料。虽然它们采蜜难，但每年一窝蜂都能割几十斤蜜。如果动物世界也有组织的话，那么蜜蜂一定能获得"最热爱劳动奖章"。

85. 一般蜜蜂的生活方式是：
  A 独立生活   B 两两生活
  C 群体生活   D 分居生活

86. 在一个蜂群中，其主要成员是：
  A 蜂王   B 工蜂
  C 雄蜂   D 雌蜂

87. 在一个蜂群中，寿命最长的是：
  A 蜂王   B 雄蜂
  C 工蜂   D 雌蜂

88. 雄蜂的主要责任是：
  A 照看家园   B 与蜂王交尾
  C 照看幼蜂   D 采集花粉、花蜜

89-92.

一位朋友，从蜘蛛网里看到了自己一路走来的历程。

十多岁时，偶尔看到蜘蛛网，他会不假思索地在地上捡起树枝，一挑一转，一张蜘蛛网就转眼没了；再看到受惊的蜘蛛慌乱地逃窜，便会有一种痛快的刺激感传遍全身。在这个对什么事都好奇的年龄里，别人的伤痛，是掠过身旁的一股无关痛痒的轻风。

到了二十多岁，走在小路上无意间碰触到那扰人的蜘蛛网，看到洁白的上衣或干净的裤子这里那里沾着灰黑的蜘蛛网丝，觉得脏，很生气。这个年龄，正值人生美丽的起点，眼里看到的，只有远方那发光发亮的大目标；别人的不幸，他没想去注意；他最大的期盼是能胜利地向上攀爬，他最大的忌讳是被路上不明不白的石头绊住脚步。

到了 30 岁，匆匆赶路而踏烂一张或多张蜘蛛网，他只风清云淡地随手挥挥、拍拍，蜘蛛网丝就消失了。在顺风顺水的旺盛中年，他什么都不怕，反正<u>条条大路通罗马</u>，完成一件事可以有多种途径；就算得罪了人，心中也无须负疚，反正柳暗花明又一村；他心里只想着把天空开拓得更广阔一点，把生活搞得更精彩一点。

到了 40 岁，不小心撞坏了一张织得像八卦阵一样的蜘蛛网，看到蜘蛛四处逃窜，心中会有不安。难道这是不祥之兆吗？这个年龄，大局已定，人也开始相信命运了。

年过半百，心境却又豁然开朗了。那是完完全全不同的一个境界。在路上不紧不慢地走着时，如果大意地弄坏了一张蜘蛛网，会心怀歉意向蜘蛛道歉。这是一种美丽的觉悟，但是，为什么这种觉悟来得这么迟呢？

现在的他六十多岁，每天牵着小孙子的手，到附近的公园去散步。看到蜘蛛网，便和孙子一起蹲下来，细细地看，看蜘蛛如何吐丝结网。

89. 十多岁的孩子正处于什么样的年龄段中？
    A 爱空想   B 爱打架
    C 爱学习   D 凡事都好奇

90. 只看到前方的目标，期盼一帆风顺是在什么时候？
    A 小时候   B 二十多岁
    C 而立之年   D 不惑之年

91. 第三段"条条大路通罗马"是指：
    A 罗马的路很多   B 罗马连接着各个地方
    C 心胸开阔够大胆就能成功 D 做一件事的方法不只一种

92. 这篇文章主要写了人生各个阶段的心态，作者是通过什么表现的？
    A 对孩子的心情   B 对蜘蛛网的态度
    C 对成绩的态度   D 对自己的要求

93-96.

一直以来，大家都认为鱼类是没有记忆力的。但最新科学研究显示，一只名为"比利"的热带濑鱼却拥有出众的记忆力，它能够准确地知道什么时间应该进食。

当"比利"听到"就餐铃"响起，就知道吃饭时间到了。专家称，比利是一种热带鱼，科学家们通过实验训练它懂得将声音与进食时间联系起来，这与科学家巴甫洛夫著名的条件反射实验其实是一样的。"比利"甚至还学会了从它的管理员手中取食吃。

研究员们的目标是通过训练，使它在听到游泳池旁小围栏门上发出的'砰砰'声时，马上作出反应。"比利"已经学会对声音立刻作出反应，它记得当它游入喂食池中就会获得奖赏，而且在里面呆的时间越长就会得到越多的奖赏。鱼并不像人们想象的那样冷冰冰且没脑子。人们普遍对鱼的误解是，鱼的记忆力很差。对"比利"喂食池的营造使它的训练工作中断了4个月，恢复训练后，它仍然能准确地记起要做什么工作。

"比利"已经慢慢学会游向喂食大门，从管理员手中取食吃了。研究人员告诉我们，接下来，他们将鼓励"比利"在喂食池中呆得时间更长一些，以接受一项全面的检查。如果它需要治疗的话，它将是一位非常优秀的病人，它会侧过身子来接受药物治疗。

濑鱼主要生活在海洋的珊瑚礁中，并且从珊瑚礁中获得食物。在中层水域中，生活着大量的无脊椎动物和微生物，它们都是濑鱼的食物。不同种类的濑鱼的食物存在着巨大的差异。濑鱼几乎可以吞下多种多样的食物。另外，充当"清洁工"的濑鱼，会吃掉其他一些大鱼身上的寄生虫，对其进行清洁，形成一种海洋共生环境。

93. 根据本文，人们对鱼类有何误解？
    A 记忆力很好   B 没有任何记忆
    C 冷冰冰   D 是游泳健将

94. 为什么训练中断4个月后"比利"仍知道它要做什么？
    A 又恢复了训练   B 它的记忆力挺好
    C 它只是想吃东西了 D 这是它的条件反射行为

95. "比利"会如何接受药物治疗？
    A 接受全面检查   B 不接受药物治疗
    C 能侧过身子来   D 接受长时间的治疗

96. 濑鱼的主要食物有：
    A 微生物   B 寄生虫
    C 无脊椎动物   D 以上都是

97-100.

　　王力和张强去逛街，刚好公交车上只有一个座位。王力就和张强为了那个座位在车上剪刀、石头、布起来了。结果王力输了，张强得意洋洋地坐在了那个赢来的座位上。

　　到了下一站，上来一个50多岁的中年妇女，一上车就站在了张强他们身边。张强就把座位让给了那个妇女坐。

　　下一站又到了，这回上来了不少的乘客，王力和张强被挤得都挪动了地方。还没站稳，就听见一个声音响起："是杨科长啊，快来坐这儿！"张强寻声望去，只见坐在自己座位上的那个妇人将一个30多岁的男的硬塞到座位上，自己反倒站在了那里。

　　张强转头将视线转向了窗外。

　　公交车又一次靠站，蜂拥而上的乘客将一个20多岁的女子和她拖着的七八岁的小男孩挤到了张强的身边，薰衣草的香味随即飘来。张强猛然听见一个声音说道："怎么这么巧，这不是李秘书吗？哎呀，这不是局长的小公子吗？快来坐这儿！"张强看时，只见小杨科长又站了起来，正殷勤地招呼那女子往那里坐。

　　"有小公子在，哪有我坐的座位啊？"年轻女子把小男孩安顿在座位上坐好。

　　正当张强瞎想时，就听一个幼稚的声音说道："老师，您坐这儿吧！"

　　张强看时，却惊讶地发现王力正端坐在那个座位上冲着他笑，局长的公子正依偎在王力的怀里。

　　"你什么时候变成老师了，我怎么不知道啊？"下车后，张强吃惊地问王力。王力笑着回答说："那次我去学校找女朋友，女朋友有事，就让我临时客串了半节活动课老师……"

97. 当上车后只有一个座位时，王力和张强：
   A 两人挤着坐　　　　B 两人轮流坐
   C 互相推让　　　　　D 用游戏决定谁坐

98. 坐了两站地以后，车上：
   A 人越来越少　　　　B 两人下车了
   C 车上特别挤　　　　D 两人都有座位了

99. 对于王力被唤老师，张强是什么感觉？
   A 惊讶　　　　　　　B 担心
   C 开心　　　　　　　D 嘲笑

100. 张强一上车坐的座位一共被让了：
   A 一次　　　　　　　B 两次
   C 三次　　　　　　　D 四次

三、书 写

第 101 题：缩写。

(1) 仔细阅读下面这篇文章，时间为 10 分钟，阅读时不能抄写、记录。

(2) 10 分钟后，监考收回阅读材料，请你将这篇文章缩写成一篇短文，时间为 35 分钟。

(3) 标题自拟。只需复述文章内容，不需加入自己的观点。

(4) 字数为 400 左右。

(5) 请把作文直接写在答题卡上。

    在我外祖母的村子里，住着一对夫妻，他们的不幸遭遇没有让他们分开。他们的故事让人心疼，让人羡慕。这对夫妻今年相继去世。丈夫先去，妻子神情黯淡地喃喃着："他没眼，到另一个世界咋过呀？"第二天，妻子无疾而终。这些事都是外祖母告诉我的。

    不幸发生在 50 年前，那时，他努力干活赚了一大笔钱。他要亲手建好村子里第一座砖瓦房，来迎娶她。在修建时发生了惨剧，一根近 10 米高的石柱轰然倒下，眼看石柱正好砸向她，而她吓得呆住了，一动不动。就在这千钧一发之际，他冲过去将她扑倒在地。随着两声惨叫，呈现在人们眼前的是一幕惨不忍睹的血腥场面：她的双腿被石柱砸碎，他的脸被飞溅的石子击中……

    他等她醒过来后，第一句话就是："如果我看不见了，你就是我的眼；如果你走不动了，我就是你的腿……"她含着热泪点点头："嗯，一定，一定。"

    成亲时，他是背着她过门的。他虽然看不见，但还是让人给新娘罩上了红盖头。他家门前有一条小河，去时让人牵着，回来时他再也不让人牵了。他说："你们不可能永远都来帮我。"于是，他背着她，她指点着他，慢慢地蹚过了那条不宽也不窄的小河。

    谁都没想到，在两夫妻共同生活的 50 年里，他们没有一次在河里跌倒过，而几乎每年有几十人会在这条河里滑倒。

儿孙满堂后，他们就不怎么出远门了。一次，妻子生病住进了医院，儿女考虑到他感冒了，一定不让他去陪。在那两天里，他没吃一粒饭，他说摸不到妻子的手，活得不踏实。

儿女对他父亲开玩笑说，如果上天给你一次机会，你是不是想用眼睛看一看母亲的模样？他说，她手心有几根纹路都印在了我心里。在我心里你娘是最美的。我想，有你娘的眼就够了。儿女也对母亲开过同样的玩笑：如果上天给你一次机会，你是不是想能重新走路？母亲说，几十年来，我和你们的父亲一起走过了任何想去的地方。我想，有你父亲的腿就够了，腿多了就会乱走啊。

你是我的眼，我是你的腿。他们一起走过了半个世纪的美好人生。他们互相帮助，互相搀扶，弥补了自己的缺陷，享受了对方的幸福，谱写了一曲永恒的爱情之歌，一首美得让人心颤的人生之歌。

听力材料（卷二）

（音乐，30秒，渐弱）

大家好！欢迎参加 HSK（六级）考试。
大家好！欢迎参加 HSK（六级）考试。
大家好！欢迎参加 HSK（六级）考试。

HSK（六级）听力考试分三部分，共50题。
请大家注意，听力考试现在开始。

第一部分

第1到15题，请选出与所听内容一致的一项。现在开始第1题：

1. 有个小孩对母亲说："妈妈你今天好漂亮。"母亲回答："为什么？"小孩说："因为妈妈今天都没有生气。"原来要变得漂亮很简单，只要不生气就可以了。

2. 如果打算购买驾车时使用的太阳眼镜，请检查标签，确保它们符合识别交通信号的要求。有些太阳镜的遮光度会使道路标志的颜色跟真的有差别，特别是具有阻挡紫外线光的特殊作用的太阳镜。

3. 在开罗旅行，不光是空间的改变，更是时光的穿梭！偶尔走入一栋老旧的大楼，老式电梯需要自己开关门，眼睁睁地看着电梯顶上的钢绳穿梭在竖井，就好像走入了老电影。

4. 饥饿的狐狸看见葡萄架上挂着一串串晶莹剔透的葡萄，口水直流，想要摘下来吃，但又摘不到。看了一会儿，无可奈何地走了，他边走边自己安慰自己说："这葡萄没有熟，肯定是酸的。"

5. 杂乱的居家环境也是不可忽视的压力源，学习一下简化的艺术，把那些你不需要或者不常用的东西，还有不必要的装饰品都清理掉，一个宽敞、整齐、干净的房间会给你的内心带来安宁与平静。

6. 人们总说"父母是孩子最好的老师"。但随着互联网的普及，很多孩子在信息获取能力方面都已超过父母。当下，孩子开始在信息技术、文化消费和娱乐方式等方面影响着父母，出现了"孩子教父母"的现象。

7. 正规的饮茶，讲究把茶杯放在茶托上，一同敬给客人，杯把要朝向左边。若是饮用红茶，可准备好方糖，请客人自取。喝茶时，不允许用茶匙舀着喝，而应直接端起茶杯、茶碗喝。

8. 不管我们承认与否，在现在的生活中，宠物时尚正在以令人想象不到的速度和密度进入人们的生活，并影响和改变着我们的思想、感情、心灵和行为方式。

9. 在演奏会现场，他优美的琴声让人好像做梦一般，因为观众太多，不仅在舞台下方临时加了两排座椅，甚至在观众席的过道和走廊也有不少观众站着或蹲着。

10. 有个农场主人，叫他孩子每天在农场里辛勤地工作，朋友对他说："你不需要让孩子如此辛苦，田里的蔬菜水果一样会长得很好的。"主人回答说："我不是在培养农作物，我是在培养孩子。"

11. 一般人的饮食习惯到了假日就出现大转变，因为平时赶着上班，早饭就买些面包、牛奶就解决了。但一到假日，由于时间充足，就能轻松地在厨房煮东西吃，不知不觉就吃了很多。

12. 今年的登高赛总共有 238 人参加，选手们要跑 86 层、1576 个台阶，对体力是极大的考验，就算是最后的男子组冠军，在抵达终点时也不免脚软，跪在地上。

13. 宁波是优质杨梅的产地，一到 6 月，各地杨梅山上，到处是食客。受天气影响，今年的杨梅成熟较晚，目前刚刚开始进入采摘旺季。当地人说："今年成熟期推迟了 10 天左右。"

14. "刻舟求剑"这个成语故事告诉我们，地点发生了变化，解决问题的途径应灵活多变。世界上的事物总是在不断地发展变化，人们想问题、办事情，都应当考虑到这种变化。

15. 为了让客人有回家的感觉，一家叫做"公寓"的餐厅特意把餐厅布置成家的样子，吃饭的房间有厨房、书房，还有浴室。餐厅开张 8 个月以来很受当地民众的欢迎。

第二部分

第 16 到 30 题，请选出正确答案。现在开始第 16 到 20 题：

第 16 到 20 题是根据下面一段采访：

男：小野女士，很高兴见到您。

女：谢谢，可凡。

男：能在上海和您做访谈，我感到非常荣幸。这是您第一次来上海吗？您对上海印象怎么样？

女：这是我第一次来中国。我感到很兴奋。因为我是个大忙人，没什么时间特地去一个地方旅游，都是借着工作之机，这次我被邀请来上海办个人展。我感到非常开心。

男：您为什么决定在上海举办您的展览？

女：作为一个日本女性，一个日本孩子，我从中国文化中学习到很多，特别是从书中，了解了有关中国的一切。你知道，包括文学作品，很多很多，像中国画，连我丈夫也深受中国画的影响。他画过很多国画，他还买了画国画的整套器具回来摆弄，我想中国文化是最伟大的文化之一。我们都受到了中国文化的深刻影响，这次我下了飞机，走进机场时，我立刻想到了马可·波罗，他在中国大开眼界，当他回去的时候，他写书说："中国遍地黄金。"我记得这句，而中国虽然不是真的黄金满地，但这个国家确实有让人感到不可思议的东西。

男：但说实话，对于大多数中国人来说，理解乃至接受现代艺术，都不是一件容易的事，您期待参观者对您的作品会做出怎样的反应？

女：人都有自己的想法，我并不想去控制他们。依我对中国的了解，我认为他们会真正理解我的作品，对此我感到很欣慰。因为在我还是个小女孩的时候，我就读过很多中国的书籍，就像那本，我不知道中文怎么讲，我们叫"三国志"，有关三个国家的故事。

男：《三国演义》。

女：我看了这本书的译本，这是个很长很长的故事，我记得大概共有 13 本书，很多卷。我小时候，我感冒了不能去上学，我就读《三国》。我从这本书中学到了很多很好的计谋和计策。

16．这是女的第几次来上海？
17．女的来上海主要是为了什么？
18．女的提到她的丈夫深受中国哪种文化的影响？
19．对于中国观众对她作品的反应，女的持什么态度？
20．女的从《三国演义》这本书中学到了什么？

第 21 到 25 题是根据下面一段采访：

女：网络改变了我们的生活，而且还在继续，生活中受网络影响的人不断增多。今天我们的嘉宾是博客"老雕"，让我们欢迎他。

男：谢谢大家。

女：您的博客名字叫"雕刻时光"，挺好听的，但好像是个酒吧的名字？

男：对不起，我比较闭塞，以前真不知道这是酒吧的名字。但名字也不是我起的，是剽窃来的。我住的地方不远有个咖啡店，店名就是"雕刻时光"。于是，我就搬来用了，我也剽窃他们一回。

女：是不是还有其他的含义？

男：非得说点深刻的含义，主要是觉得人活着别消极，活得精致点、细致点，要精雕细刻嘛。

女：那怎么又叫"老雕"了？

男：一时疏忽在博客上贴出了自己的照片，而且还写了很多回忆性的文字，所以被一个博友冠以"老雕"的称谓。细想想，心里这个不平衡啊，男人四十一朵花，女人三十豆腐渣，我这个年龄还是花骨朵吗。

女：那，我是豆腐渣了？

男：您上辈子不是豆子，所以您做不了豆腐渣。

女：开个玩笑。请问您做博客多长时间了？

男：四十多天吧。

女：感觉怎么样？

男：挺好，睡眠明显少了。以前总担心自己太爱睡觉，现在好了，改成失眠了。

女：当博客成为论坛后的一大网络生存模式后，开博的目的一时成了人们争论的话题，你怎么想？

男：我上博客就是要个话语权，这里是平民说话的地方，有了这个地方我就可以说我想说的。

女：博客里记录的都是您真实的生活吗？

男：几乎是，但下意识地对自己表扬、美化一番也是可以理解的。

21．男的从哪里看到"雕刻时光"这个名字？
22．男的觉得，人活着应该怎么样生活？
23．"老雕"这个称呼是怎么来的？
24．男的开博有多长时间了？
25．男的在博客里记录的大部分内容是什么？

第 26 到 30 题是根据下面一段采访：

男："蓝精灵"这个故事最主要是想给孩子传达什么样的理念呢？

女：我认为"蓝精灵"的善良、友好，尤其是合作的精神，值得孩子们学习。还有幽默感。

男：幽默感是很重要的。我们很好奇，您父亲去世之后的故事是由您来续写还是由别的作家来完成的？

女：我父亲在去世之前就反复强调过，即使哪天他去世了，会有他的女儿和儿子，两个人来经营"蓝精灵"剩下来的"蓝精灵"的故事，由他们两个和之后的画家一起来创作"蓝精灵"之后的故事。

男：现在的风格并没有改变对吧？

女：风格是不会改变的，这也就是难点所在，所以他们要经常温习以前的经典，按照人物的性格继续发展他们的故事。

男：为什么"蓝精灵"穿的衣服都是一样的，白色的短裤，白色的帽子，他们性格区别那么大，为什么衣服都穿得一样呢？以后会不会穿其他颜色或是其他样式的衣服？

女：我认为"蓝精灵"之所以是"蓝精灵"就是因为他们典型的服装：白帽子和白袜子，如果颜色换掉的话，可能就不再是"蓝精灵"了，所以不可能换颜色，但是可能会增加新的人物角色。

男：新的人物角色也是在这 101 个"蓝精灵"里面吗？还是再找新的角色出来？

女：我认为两种可能都有。

男："蓝精灵"有一个特点，特别喜欢聚会，这是不是您父亲本身的一个爱好呢？

女：的确是这样，因为我父亲几乎是一个工作狂，他不停地在工作，所以就特别需要放松，需要一些聚会。

26．女的觉得蓝精灵要传达给孩子什么精神？
27．女的父亲去世后，故事将由谁来续写？
28．为了保持风格不变，他们常常要做什么？
29．目前有多少个蓝精灵？
30．蓝精灵的哪种特点与作者的爱好有关？

第三部分

第 31 到 50 题，请选出正确答案。现在开始第 31 到 33 题：

第 31 到 33 题是根据下面一段话：

一位农民，6 年前不小心被农场的收玉米机器切断双臂，肩膀以下所剩无几。

今年 7 月，该市工业大学附设医院组成一支医疗团队，共包括 40 名医护人员，为他进行从未发生过的手臂移植手术。

手术过程中，医疗人员在两间手术房作业。他们先把一名刚过世数小时的捐赠者的双臂取下，并迅速移植到农民身上。为了让手臂顺利移植，截取双臂的位置必须精准，也必须按部就班，在骨骼接好之后立刻缝接动脉和静脉，以尽快恢复他身体的正常运作，最后才是缝接肌肉、肌腱、神经和皮肤。

医生表示，幸好术后没有出现排斥的迹象，疤痕也恢复良好，这项手术对免疫系统和循环系统都是一大挑战。

31．他的双手是怎么失去的？
32．此次移植手术的医疗团队有多少人？
33．在移植手臂的时候，最先接的是什么？

第 34 到 36 题是根据下面一段话：

有一块小石头不停地哭泣，哭声惊动了身边的一块大石头。大石头问："小石头，你为什么不停地哭啊？"小石头伤心地说："我不是小石头，我是会发光的金子，我想发挥我的光和热。"大石头安慰它："你不要伤心，是金子在哪儿都会发光的。总有一天，你会大展才华的。"事实上，小石头在这儿已经数百年，由于地处偏僻，未能被人发现。小石头也想："是金子在哪儿都发光。"于是他日夜吸收天地之精华，把自己冲涤得闪闪发亮，终究又被脏东西所掩盖。如今眼看着周围的石块风化消失，它怎能不着急。

了解了小石头的情况后，大石块只能长叹一声，却又无可奈何。

不久，山洪暴发，小石头和大石块都被洪水冲进大河，深深地埋在泥沙之中，只是偶尔在河水中会听到极其弱小的哭泣声，那一定是来自小石头的。

34．小石头为什么会哭泣？
35．大家为什么都没发现小石头？
36．最后小石头的命运怎么样？

第37到39题是根据下面一段话：

世界经济论坛瑞士日内瓦总部与美国纽约、中国天津同时发布了《2008—2009年全球竞争力报告》。这份被视为全球最权威的"报告"显示，美国是世界上竞争力最强的经济体，中国大陆排名第30位。

该报告覆盖全球134个经济体。《报告》显示，今年全球竞争力排名前10位的经济体依次是美国、瑞士、丹麦、瑞典、新加坡、芬兰、德国、荷兰、日本、加拿大。中国大陆全球竞争力排名由去年的第34位上升4位，进入了30强，继续领跑"金砖四国"。中国香港特区和中国台湾地区均进入前20位。

37. 这份报告在全球几个地方同步发布？
38. 全球竞争力排名第一的经济体是什么？
39. "金砖四国"中排名最靠前的是哪国？

第40到42题是根据下面一段话：

2005年科学家曾设计完成过一款机器人，外形好像日本年轻女性，但由于技术性的小故障，该款女性机器人出现了"错乱"现象。日前，日本科学家成功研究制造出一种逼真机器人，其外形酷似一个5岁的日本小女孩。这款新型机器人是用硅做皮肤，内置数十个传感器和发动机，能够像人类一样移动，与周围环境进行交流和互动反应。这款机器人足以让人类以为是真的。

机器人技术研究小组负责这款机器人的研制，他们声称这是迄今成功研制的最逼真的机器人。该机器人所完成的日常性任务可用于帮助老年人和残疾人士，比如帮助他们拿取物品等。科学家们希望让人们尽快接受这款机器人，并帮助人们克服与机器人产生交互反应的不适应性。

40. 日本科学家研制的逼真机器人像几岁的孩子？
41. 该机器人主要可用于帮助哪些人完成日常性任务？
42. 05年设计的女性机器人为什么出现"错乱"现象？

第43到46题是根据下面一段话：

在6500万年前至250万年前的南美洲大陆生活着一种身体高达3米、体重500公斤、不能飞翔的鸟类，这个现已灭绝的巨鸟家族被称为"恐怖鸟"。"恐怖鸟"天性喜好食肉猎杀，可以一口吞下一只狗，还具有惊人的奔跑速度，现今世界奔跑速度最快的豹也无法与之相比；此外，"恐怖鸟"强有劲的双腿还会使用"中国功夫"，当它将猎物尸体饱餐一顿后，会用强壮的腿部把猎物骨头击碎，吸食碎骨中的骨髓。

"恐怖鸟"的身体形态与鸵鸟很像，但是它却是食肉动物，拥有着强壮的双腿，快速奔驰在数百万年前的南美洲大陆，厚重有力的脚爪可将猎物置于死地。

在这个家族中，体型最小的种类只有8公斤重，它的身体特征跟鹰十分相似，只是它没有翅膀。在6500万年前至250万年前的地球，"恐怖鸟"无疑是恐龙的接班人，成为地面上最可怕的掠食动物。

43．现今世界奔跑速度最快的动物是什么？
44．关于恐怖鸟的描述，不正确的是哪项？
45．恐怖鸟主要生长在什么地方？
46．在恐怖鸟家族中，体型最小的有多重？

第47到50题是根据下面一段话：

现年49岁的他是一个搬运工。他也许是世界上婚姻最坎坷的人：从26岁起，在16年中他先后结婚25次，但由于家境太穷，前24任老婆竟全都和情人走了！直到2003年，时年42岁的他第25次结婚后，才终于找到了真爱。日前，他和第25任妻子一起庆祝了结婚7周年纪念。

24名前妻的离开令他绝望透顶，他曾决心以后一个人生活。然而2003年他就又忍不住第25次结婚了，那年他妻子才23岁。本来他对这段婚姻也没有抱太大希望。没想到，这一次他竟然找到了真爱，并且还生了两个孩子。他发现，这位年轻的妻子和前面24任老婆都不一样。她不是那种嫌贫爱富的女人，两人感情非常深厚。

他希望把今后生活的重点放在孩子们的教育上。他的孩子都在附近小学读书。当记者问他7年前为何又改变主意再次结婚时，他笑着说，他还是想要一个妻子，因为一个家里如果没有妻子，就不能算是一个真正的家。

47．他一共结了多少次婚？
48．他的前妻为什么离开他？
49．他比现在的妻子大多少岁？
50．他在经历颇多婚姻坎坷后，为什么又想再婚？

听力考试现在结束。

新汉语水平考试
HSK（六级）

卷 三

注 意

一、HSK（六级）分三部分：

    1. 听力（50题，约35分钟）

    2. 阅读（50题，50分钟）

    3. 书写（1题，45分钟）

二、听力结束后，有**5**分钟填写答题卡。

三、全部考试约140分钟（含考生填写个人信息时间5分钟）。

新汉语水平考试

HSK（六级）

三 卷

注 意

一、HSK（六级）分三部分：
1. 听力（50题，约35分钟）
2. 阅读（50题，50分钟）
3. 书写（1题，45分钟）

二、听力结束后，有5分钟填写答题卡。

三、全部考试约140分钟（含考生填写个人信息时间5分钟）。

一、听力

第一部分

第 1-15 题：请选出与所听内容一致的一项。

1. A 该协会门槛高
   B 该协会影响不大
   C 该协会不要志愿者
   D 加入该协会很容易

2. A 这个双休日适合外出
   B 这个双休日天气不太好
   C 这个双休日很多人出去
   D 这个双休日只能穿单衣

3. A 习惯和成功没关系
   B 好习惯有助于成功
   C 失败者只有坏习惯
   D 成功者没有坏习惯

4. A 南非菜不受欢迎
   B 南非菜很有特点
   C 没有正宗的南非菜
   D 南非菜特点不明显

5. A "国际儿童图书日"始于1976年
   B "国际儿童图书日"由儿童发起
   C "国际儿童图书日"由安徒生发起
   D "国际儿童图书日"是为纪念安徒生

6. A 队伍里的人都很痛苦
   B 队伍里的人都很快乐
   C 队伍里有一个人很快乐
   D 队伍里的人东西都很多

7. A 运动对鞋没有要求
   B 篮球鞋是必备的
   C 每周至少换两次鞋
   D 应准备一双以上的运动鞋

8. A 温泉对一些病症有作用
   B 温泉对人们没什么作用
   C 温泉温度在30度以下
   D 温泉对所有人都有好处

9. A 迷迭香不能食用
   B 迷迭香影响食欲
   C 迷迭香容易成活
   D 迷迭香喜阴不喜阳

10. A 他喜欢一个人旅游
    B 他喜欢和大家旅游
    C 英国人喜欢群体活动
    D 英国人喜欢坐车出去

11. A 这种信用卡很有个性
    B 这种信用卡限量发售
    C 这种信用卡在北京首发
    D 这种信用卡没有储蓄功能

12. A 她受观众喜爱
    B 人们不认识她
    C 她毕业后才演戏
    D 她的生活很丰富

13. A 举一反三不可取
    B 大家都会举一反三
    C 工作需要举一反三
    D 举一反三是指按经验办事

14. A 小鸟不会飞
    B 小鸟想减肥
    C 小鸟飞走了
    D 小鸟在减肥

15. A 面试时要注意坐姿
    B 面试时心情要紧张
    C 面试时坐姿要随意
    D 面试时要交叉双腿

第二部分

第16-30题：请选出正确答案。

16. A 觉得是好事
    B 觉得自己很低调
    C 觉得评得很正确
    D 觉得准确度不高

17. A 公司的盈利
    B 股东的收入
    C 公司创办人的收入
    D 主持人、制片人的收入

18. A 管理靠感情基础
    B 管理要花更多时间
    C 管理不能感情用事
    D 管理更能体现能力

19. A 纽约
    B 北京
    C 上海
    D 重庆

20. A 找朋友帮忙
    B 放弃原有目标
    C 休息一段时间
    D 做自己想做的事

21. A 一模一样
    B 有点不同
    C 完全不同
    D 十分相似

22. A 一个月
    B 两个月
    C 6个月
    D 一年多

23. A 模仿前人
    B 与前人都不同
    C 博采众家之长
    D 有自己的特色

24. A 摄影
    B 写作
    C 唱戏
    D 写诗

25. A 精彩性
    B 连续性
    C 故事性
    D 简短性

26. A 售货员
    B 电梯小姐
    C 美容专家
    D 公车售票员

27. A 每天化淡妆
    B 用白醋洗脸
    C 每天喝白醋
    D 不用化妆品

28. A 不坐公交车
    B 走路后坐几站车
    C 沿着公交路线走
    D 常常要去看看公车

29. A 主动让座
    B 嘘寒问暖
    C 问好聊天
    D 本能地去帮助

30. A 6点多
    B 7点多
    C 8点整
    D 8点半

第三部分

第 31-50 题：请选出正确答案。

31. A 良马
    B 盔甲
    C 箭囊
    D 地图

32. A 骄傲
    B 开心
    C 害怕
    D 伤心

33. A 要相信自己
    B 要谦虚好学
    C 要依靠别人
    D 多和别人交流

34. A 恐惧
    B 满意
    C 担心
    D 乐观

35. A 二十到三十岁
    B 三十到六十岁
    C 五十到七十岁
    D 六十岁以上

36. A 第一位
    B 第二位
    C 第三位
    D 第四位

37. A 2次
    B 3次
    C 4次
    D 5次

38. A 6元
    B 9元
    C 10元
    D 11元

39. A 工资上涨
    B 成本上涨
    C 利润不均
    D 消费水平提高

40. A 蚊子
    B 试管
    C 狮子
    D 小鸟

41. A 1998年
    B 2002年
    C 2004年
    D 2005年

42. A 第一次
    B 第二次
    C 第三次
    D 第五次

43. A 不满意
    B 很担心
    C 很满足
    D 很后悔

44. A 做技术
    B 出力气
    C 做管理
    D 水电安装

45. A 玩游戏
    B 看小说
    C 研究电器
    D 找人聊天

46. A 爱人的帮助
    B 自己的智商
    C 父母的关系
    D 做事踏实、勤奋

47. A 减少人数
    B 增加面试
    C 改变方法
    D 调整时间

48. A 会说话的学生
    B 有特长的学生
    C 成绩好的学生
    D 最活跃的学生

49. A 成绩一般的
    B 夸夸其谈的
    C 不活跃的
    D 成绩不及格的

50. A 国家规定
    B 追随潮流
    C 要拓展海外业务
    D 要提高公司能力

二、阅 读

第一部分

第51-60题：请选出有语病的一项。

51. A 据说，他每逢上课，必定是茶不离口。
    B 首先要活着，然后又想着怎样活得更好。
    C 尽管中餐在海外很受欢迎，但没有什么影响力。
    D 既然你已经代言这个品牌，就应该对自己的行为负责。

52. A 因为受伤，他的星光黯淡了许多。
    B 在香港，除了菲佣，还有来自印尼、泰国的佣工。
    C 想给家人更舒适、健康的生活，非得何必考虑郊区呢？
    D 女性的性格普遍比较温和，也更容易调节自己的情绪。

53. A 如果我们不能全身心投入，胜利也不会属于我们。
    B 尽管接受采访时侃侃而谈，但他很快就把人们大跌眼镜。
    C 很多国际品牌在进入中国市场后开始懂得挖掘中国元素。
    D 最近硬盘价格疯狂下跌，已经成为降价幅度最快的硬件之一。

54. A 倘若别人想看你的笑话，你就一定要努力活得更好。
    B 我们演一对双胞胎，个性不同，一个文静，一个张扬。
    C 我告诉布朗这件事并征求他的意见，他说稍后会回复我。
    D 张先生大概不知道，工人在机器前工作10个小时不停地是什么感觉。

55. A 本场比赛的悬念不大，双方不仅仅是相差一个档次而已。
    B 该剧层层推进，并采用电影式的拍摄手法，相当于具有吸引力。
    C 这种人虽然聪明，但一旦被提拔，就会毫无自信，觉得自己不能胜任。
    D 宁波市区有多家家具大卖场扩大规模，因此相对来说竞争也格外激烈。

56. A 4名在同一栋教学楼工作过的教师先后患病去世。
    B 外界认为，监管不力是导致金融危机的重要原因。
    C 节庆期间，家人团聚，往常吃的油腻，多吃点萝卜可以清口、解毒。
    D 有病治病属于较低层次，较高层次是将身体调理妥当，保持在最佳状态。

57. A 这个19岁的大二女生以近98%的高得票率，当选了村主任职位。
    B 每一次我跟朋友们说起，我曾在这家机构任职五年，大家都觉得难以置信。
    C 处罚的力度将比之前媒体所报道的还要重，不是3至6场，而可能是8场。
    D 一个好的女人在遇到自己喜欢的男人时，应该先了解对方是否适合自己。

58. A 当他经过一辆黑色小轿车时,发现车门居然没有上锁,便起来了歹意。
    B 产业结构和投资环境的日益改善,让这个城市的吸引力和竞争力得到提升。
    C 一般的爵士乐,听多了会让人觉得昏昏沉沉,像是起来得太晚了,不知是什么时候。
    D 如果有一双谦逊的耳朵,愿意听听别人的见解,那么,你就能将别人的见识变成自己的见识。

59. A 她突然地发现,原来写东西也可能挣钱,于是也试着写写看。
    B 有一对志同道合的年轻夫妻,从结婚起就开始了敦煌壁画的复原工作,至今已经10年了多。
    C 那段时间我情绪特别不好,工作受挫,感情不如意,我不知道这个世上还有什么有意思的事。
    D 此次调价一个星期前,两大集团与相关部门进行沟通,希望进一步完善和修改上述《办法》。

60. A 他曾考虑把私人的钱投入到公司业务中去,他知道一些同行也是这么做的。
    B 他晚年虽然仍旧拥有天下最强大的军队,却不能将自己解救出囚禁的高墙。
    C 市场可以轻易计算出调整的幅度和方向,导致市场力量提前做出反应,在很大程度上干扰终端销售。
    D 投资股票的人最想知道未来的市场走势,全人类最聪明的脑袋都曾为此花过力气。可惜到现在人类也没有攻克这次难题。

第二部分

第61-70题：选词填空。

61. 运输公司的经营顾问_____，司机迷路就会浪费燃油费，工作效率也随之_____。如果给这些车都装上卫星定位系统，就可以_____燃油浪费。

    A 发表　升降　避开　　　B 发出　下降　不免
    C 出现　减少　回避　　　D 发现　降低　避免

62. _____，不论他人地位高下、知识深浅，他的专业经验总有一部分可供你去学习。向每个人学一点，把零星的片段组织_____，可助你打下一_____属于自己的天地。

    A 其实　起来　片　　　B 因此　出来　个
    C 然而　下来　次　　　D 因而　一起　块

63. 我第一次见他的_____，他正一个人蹲在墙根翻书。他的学习成绩不太好，但体育方面很有_____，能绕着学校土操场连跑20几圈，我_____让他做了体育委员。

    A 时间　天才　故意　　　B 时候　天赋　特意
    C 那时　秉赋　随意　　　D 时期　潜力　有意

64. 做这组报道的_____不是给大家增加压力，而是_____两个方面的信息：一是一个家庭的花费不少，完全_____收入的自然增长不能从容地应对，需要适当地投资理财。二是只要你掌握了投资理财的技巧，过上小康生活是有可能的，不必_____担忧。

    A 目标　发出　用　十分
    B 的确　发送　依　非常
    C 用意　传送　让　过度
    D 目的　传递　靠　过分

65. 管仲时期的治国模式和_____理念，对齐国后世的影响深远。强大的物质积累是君王们_____的，而管仲的最大功绩就是完成了这一_____。无论是齐威王的儿子齐宣王还是孙子齐闵王，都_____延续了这样的发展模式。

    A 经商　一生所求　累积　实际上
    B 营销　时刻追求　积蓄　事实上
    C 经营　梦寐以求　积累　基本上
    D 销售　孜孜以求　变化　根本上

- 71 -

66. 养车费用、育儿费用、医疗费用，都非常昂贵，_____对一个中等收入家庭_____都是相当大的一笔_____，再加上夫妻双方养老的费用，人生账单总额超过1000万元也不_____。
    A 假使　说起　支出　稀少
    B 就算　来比　收入　奇怪
    C 即使　来说　负担　稀奇
    D 如果　算来　付出　太多

67. 一家杂志社曾_____并完成了大型科考项目"触摸中国之极限_____"，对中国自然极限，如干极、风极等做了详尽的_____。如果把视野再放大点，_____地球而言，她的极限之地又有哪些？
    A 计划　发现　报答　对
    B 测算　检查　知道　在
    C 策略　探险　说道　因
    D 策划　探索　报道　就

68. 人都有梦想，许个愿望，_____在纸上，放进漂流瓶里，等待有人帮你实现。现在_____没有漂流瓶，但你也可以许一个愿望给我们，看看有没有和你愿望相同的人。_____我们可以帮你把愿望印成铅字送给那个能帮你实现的人，或许你可以找到_____的朋友。
    A 画　尽管　许多　思想一致
    B 写　虽然　或许　志同道合
    C 放　然而　或者　同仇敌忾
    D 立　不管　也许　志趣相投

69. 几乎每个名牌都有正式场合也能穿的T恤，每件售价大约5万日元_____。有的会搭配皮草；有的会在袖子、肩膀_____设计；而画上街头风图案的T恤，也_____成为一种"趋势"。"Beams T"因为贩卖与艺术家合作的T恤而享有_____。也就是说，现在流行的是_____一般T恤的"超级T恤"。
    A 左右　加以　逐渐　盛名　超越
    B 以上　更加　逐步　名字　跨越
    C 前后　用于　渐渐　名誉　越过
    D 以下　加强　慢慢　名气　超过

70. 对同一只股票，由于不同股民的_____不一样，所以有人买，也有人卖。买的人认为它还能升，卖的人认为它可能降，经济学家把投资者的判断_____"预期"。投资者的预期_____包括对股票的判断，还包括对整个形势的认识以及自己的财政目标和人生_____。
    A 推断　认为　不但　安全
    B 思想　作为　不再　排序
    C 想法　叫做　不是　定位
    D 判断　称为　不仅　安排

第三部分

第71-80题：选句填空。

71-75.

　　他在家里，是个好丈夫、好父亲，他负责全家人的三餐，(71)_____，总能让太太孩子吃得心满意足，为此他还当选了省"十大新好男人"。有人问他当选"新好男人"感觉怎么样。他一听笑着说："事实上，我觉得'新好男人'还达不到一个比较高的标准，(72)_____，就是当一个'贱'好男人。'新好男人'，新会旧，但'贱'永远贱，所以我要做一个'贱'好男人。"他这观点一出，(73)_____，连忙追问他，"贱"好男人跟"新好男人"有什么不一样。他很认真地答道："'新好男人'就是老婆让你洗衣服你就去洗衣服。而'贱'好男人的老婆跟他说你去洗衣服，老公还会说，除了衣服，还有没有别的要洗呀？"

　　一位画家认为婚姻有时候就好比是一场空难。空难最大的特点就是你上了飞机之后，(74)_____，你无能为力，你一点办法也没有。不是机长出来跟你说，飞机出问题了，你就可以赶快下机。事实上，你上去后就下不来了，所以就要靠运气！当然运气之外你还可以有一点理智的分析，比如说我可以选择航空公司。就好像在恋爱中也许你可以先挑一下，(75)_____，会碰到什么样的人，其实是没有办法决定的。所以婚姻就像一场空难。

A 不管味道如何

B 这条命就不是你的了

C 我还要往更高的层次走

D 听的人都乐了

E 但是你条件定完了之后

76-80.

五一假期，一直被商家们视为提升上半年销售业绩的最佳时机，特别是家电销售，价格战年年都打，（76）_____，很多商家和卖场已开始全力以赴抢占客源。

尽管离五一假期还有几天时间，但一家大型的家电卖场的工作人员已经提前把卖场装饰出节日的气氛，挂出了各种促销的标牌。很多消费者都早早过来等待下午四点钟开始的夜市，有的人12点就来了，（77）_____。

有的消费者觉得，虽然离五一还有几天，但估计到了五一，价钱也是差不多，（78）_____。

某品牌空调销售人员告诉记者，一匹空调，跌破一千元，两匹柜机跌破两千元，现在这个降价幅度吸引了顾客来卖场看一下。

据了解，多家大型家电卖场不约而同推出家电夜市，延长营业时间到夜间。这周末起，（79）_____，几家主要卖场销售的彩电、空调等平均降价幅度在30%左右，达到上半年来最高降价幅度。为了打消顾客等五一当天出现最低价的顾虑，商家们还推出了"30天保价"这类措施。

推出家电提前促销的活动，（80）_____。

A 不会降价太多了

B 不过今年开战时间特别早

C 多家卖场展开五一促销攻略

D 希望买到优惠幅度更大的家电

E 主要是因为现在正是"家装"的火爆时期

第四部分

第 81-100 题：请选出正确答案。

81-84.

16 岁女孩兰兰身高 85.5 厘米，体重 9.7 公斤。16 年来，生长激素的缺乏剥夺了她人生中全部的快乐。

10 日上午，在医院门诊大厅，兰兰和父母显得很不安。兰兰的母亲陈女士手里拿着厚厚一叠检查结果。这些检查花光了他们所带的 2000 多元钱。

每当 16 岁的兰兰被其他家长误认为是儿童时，陈女士脸上就有很多说不出的苦楚。"你别看她小，已经 16 岁了，就是不长个儿。" 她的话语中透出很多无奈。

陈女士倾注了全部的心血照顾女儿。可慢慢地，她发现兰兰生长速度比同龄的孩子慢很多。她小时候和别的孩子一样活泼，喜欢唱歌、跳舞。但如今儿时的快乐成了兰兰记忆中唯一的快乐。

目前，兰兰上小学 6 年级，从 1 年级读到 6 年级，这个过程她用了 9 年时间。因为个小，她一直坐第一排，学校甚至为她单独准备了一张小桌子。

医生表示，兰兰体内缺乏生长激素，需要补充生长激素才能继续长高。而注射生长激素，平均一天就得 30 元，三个月一个疗程，最好能连续注射三年效果才会好，但是这对他们来说负担太重。

81. 兰兰不能正常生长是因为：
    A 营养不够   B 缺乏生长激素
    C 家里没有钱   D 从小感冒

82. 当 16 岁的兰兰被误认为是儿童时，她的母亲非常：
    A 忧郁   B 开心
    C 生气   D 无奈

83. 作为母亲，陈女士是怎么对待兰兰的？
    A 不闻不问   B 全心照顾她
    C 常常骂她   D 不喜欢她

84. 兰兰念完小学用了：
    A 3 年   B 6 年
    C 9 年   D 10 年

85-88.

　　早晨，一位给人擦鞋的女人一走进小吃店就朝我这边走来，我看看鞋子，把脚伸了过去。我一边吃，一边看着她擦鞋。

　　这时，走来一个满手满脸都长了癞疮还跛了一只脚的乞丐。他站到了我的面前，向我伸出了手。我头都不敢抬，不是舍不得给他钱，而是不敢看他，我感到眼前的馒头和牛奶都变味了，我真的没法下咽。好在店老板赶紧拿了一些零钱给他，让他离开了我和其他吃早点的人。

　　这人接了钱，很感谢老板，然后又举起手里一个空瓶子，问老板能不能给点水喝？老板没说什么，示意他自己弄。那老头四处看看，显得不知所措。

　　这些我都是用眼角的余光看到的。这时，擦皮鞋的女人已经把我的鞋擦亮了，她站了起来，没等我给钱，就转身走向那老头，说："来吧，我给你打水。"

　　只见她抓过瓶子，拧开瓶盖，从接水处接了一瓶水，再盖好盖子，还用手把瓶子上的污垢仔细擦了擦，把瓶子递给那老头时，又嘱咐了一句："走好啊！"我的心强烈地动了一下。

　　做完这一切她才回到我身边来提她的篮子并取钱。当我把钱递给她时，仔细地打量了一下她。她不理会我的目光，又招揽生意去了。

　　我走出小店，早晨的阳光正好，低头看看鞋子，很亮。我仿佛感到，这个女人像这阳光，把我心里的某一个角落也擦亮了。

85. 我在什么时候让人擦鞋？
　　A 出门之前　　　　　B 逛街的时候
　　C 吃早饭的时候　　　D 我没有擦鞋

86. 当老叫花子站到我面前时，我不敢抬头是因为：
　　A 怕看他　　　　　　B 不想给钱
　　C 是熟人　　　　　　D 没有看到

87. 最后谁给老人接水？
　　A 作者　　　　　　　B 老人自己
　　C 擦鞋的女人　　　　D 小店老板娘

88. 是什么让我感到心里某个角落被擦亮了？
　　A 老人的迷茫　　　　B 女人的善良
　　C 生活的艰辛　　　　D 灿烂的阳光

89-92.

近年来学习汉语的人越来越多,但是很多学习者学完后用中文交流的机会不是很多,有的学习者回到自己国家后几乎就很少用汉语。"星期日汉语角"就是在这种情况下产生的。它是一种新的学习汉语的现象,正在东京流行开来。

"星期日汉语角"是借鉴中国流行的"英语角"、"日语角"的形式。"汉语角"设在交通十分便利的东京西池袋公园内,免费参加,来去自由。每次,组织方都会设定一两个中心话题,参加者可以围绕话题展开交流。同时,参加者还可以获赠中文报刊。交流结束后大家可以自由结伴,或者去看中国电影,或者去唱中文歌,或者去吃中国料理。

"星期日汉语角"是真正的民间交流。它已成为关心中国的日本人和在日中国人相互交流的重要平台,也逐渐成为向海外民众传播真实的中国信息的重要窗口。到目前为止,已有300多人来参加"汉语角",参加者有中日两国的知名学者、政府官员、公司职员、青年学生、家庭主妇等各阶层社会成员。既有85岁的老者,也有4岁的孩子。"汉语角"涉及的话题非常广,既包括中国名胜古迹,也包括中国各地美食;既有"过桥米线",也有"小尾羊"……

"汉语角"可以说是另一种形式的孔子学院,它讲求轻松自由的交流环境和交流方式。"汉语角"给人自由、活泼的感觉,是民间性质的。只要海外华人热心且有毅力就可以开展丰富多彩的活动。在日的华人和留学生积极通过"汉语角"向日本朋友介绍中国的最新消息和文化,得到大家的高度评价。

89. 在东京学习汉语的新现象是指:
 A 去中国留学   B 参加交流会
 C 星期日汉语角   D 汉语越来越热

90. "汉语角"要求参加者:
 A 交一些费用   B 免费参加
 C 提前报名预约   D 有一定学历

91. 来参加这个活动的人,年龄跨度有多大?
 A 是同龄人   B 是大学生
 C 相差80岁   D 相差20岁

92. "汉语角"有什么特色?
 A 收费便宜   B 分布地区广
 C 轻松自由   D 官方色彩浓

93-96.

人们总是习惯以拥有物质资产的多少来判断人生的成败，却忽略了资产与负债总是紧紧相连的。

每个人资产负债表的第一项是钱，大家都是一样的。不过大多数人只看到这一项，就对报表的主人下判断，称此人为穷人或富人，但是他们却没有看到这项资产增多之下所背负的债务，比如辛劳、风险、担心，甚至犯罪；或者另外一些无形资产，如和家人见面和娱乐时间的减少。

我们一出生就有的原始资产是父母，相应地，我们就有一项长期负债，叫做赡养；也许有的人还有另一项资产就是兄弟姐妹，当然相应的债务叫照顾；然后是朋友，它带来的负债是互相帮助，但有时也会是伤害。

爱人是我们人生最大的抉择。这项资产的意义不一般，它的影响与两家企业合并差不多，因为资产增加了一倍，但负债也增加了一倍。除此之外，它还生出更多的资产和更多的负债，比如激情、快乐、亲密、稳定，还有磨合、冲突、放弃自由和自我。

人生中重量级的资产，同时也是重量级的负债是你的子女。这也许是你后半生最大的操劳和牵挂。老人们都喜欢把不让人操心的小孩叫做"还债的"，而把那些让父母操碎心的小孩叫做"讨债鬼"。

可能有人的资产负债表上还会有许多的人生阅历，那么大量的磨炼就是他的负债，更有甚者要承受远离故土的孤独。健康是每个人都需要的基本资产，它通过坚持锻炼这一负债来维护。

每个人的人生的资产负债是不一样的。有人平淡地过完一生，资产和负债都比较少；有人过得轰轰烈烈，拥有大量的资产和大量的负债。

其实，判断人生的不是资产，而是资产减掉负债的剩余，那才是我们的净资产。

我们可以通过增加自己的无形资产来使人生充满盈余。这些宝贵的无形资产就是平衡的心态、宽容、感激、善良、乐观、努力……

93．一般人习惯用什么来评断一个人的成败？
A 物质资产的多少　　　　B 在社会上的知名度
C 人际关系的复杂性　　　D 姿色、财物、名誉

94．我们一出生就有的原始资产是谁？
A 兄弟　　B 父母　　C 亲戚　　D 孩子

95．第5段中的"还债的"和"讨债鬼"指你的：
A 事业　　B 爱人　　C 子女　　D 身体

96．作者谈到，怎样使自己的人生变得更充盈？
A 多陪伴家人　　　　B 多去外面看看
C 增加无形资产　　　D 找一个漂亮的爱人

97-100.

造纸术、印刷术、火药和指南针是中国的四大发明。

其实，除四大发明外中国人在历史上还为人类进步提供了很多项原创性重大发明，它们是：

1. 稻作。距今约一万年的农业革命以谷物种植为主干，对中国上古文明的发展起了巨大的推进作用。中国北方地区早期以粟黍为主，南方地区则以水稻为主，两者的原产地均是中国，是当时人民的主要粮食来源。袁隆平培育的超级水稻，堪称世界级的原创性重大发明，可视为中国稻作在当代的延续。

2. 蚕桑丝织。在距今五千年的新石器时代晚期，作为蚕桑丝织的发源地，中国的丝织品在世界上享有盛誉，著名的丝绸之路对东西方贸易和文化的交流起了巨大的促进作用。

3. 汉字。汉字是中国人的一大发明。从陶文、甲骨文、金文到汉隶、楷书……汉字的创建和衍变，它的形、音、义之构成，都<u>自成一格</u>，与世界上其他文字完全不同。作为世界上使用人数最多的文字，汉字将随着中国的崛起进一步走向世界。

4. 木结构营造技艺。数千年来，中国人的居室、作坊、宫殿均以木结构建筑为主体，这与欧洲古代以石构建筑为主大不相同。它是中华民族的又一独特创造。对中国的周边国家具有重大的影响，在当代也仍有现实的价值和发展空间。

97. 早期粮食种植中，南方地区主要种植：
    A 粟   B 水稻
    C 谷物   D 玉米

98. 什么对东西方贸易和文化有巨大作用？
    A 丝绸之路   B 汉字文化
    C 养蚕水平   D 玉器买卖

99. 第三项发明中所说的"自成一格"指：
    A 高于同类事物   B 有一定的规则，不可改变
    C 不受外界影响，没有变化   D 有自己的风格，不同一般

100. 古代中国建筑以什么为主？
    A 竹结构   B 铁结构
    C 木结构   D 石构建筑

三、书 写

第 101 题：缩写。

（1）仔细阅读下面这篇文章，时间为 10 分钟，阅读时不能抄写、记录。

（2）10 分钟后，监考收回阅读材料，请你将这篇文章缩写成一篇短文，时间为 35 分钟。

（3）标题自拟。只需复述文章内容，不需加入自己的观点。

（4）字数为 400 左右。

（5）请把作文直接写在答题卡上。

他从小就是个问题少年，父亲打，老师罚，可这些对他都没什么用。

母亲总是悄悄流泪，苦苦相劝。可是，他仍然会犯同样的错误，没有丝毫改变。

有一次，父亲一时气不过，把他推倒在地，他闪避不及，撞到了头。从那次起，他落下了流鼻血的毛病。自那以后他发现了一个有趣的现象：只要轻轻一敲打鼻梁，鼻血就会流出来。从此，每当老师批评他，他就会趁老师不注意，轻叩鼻梁，老师一看他流鼻血，马上不罚了。

每当父亲惩罚他的时候，他也这么做，惩罚每次都是见血即止，他试了很多次都没失败过，从此他学会了欺骗。

后来他变本加厉，常常很熟练地掏父母挂在衣架上的衣服口袋里的钱，几十块到几百块，他连眼都不眨。他学会了偷。

直到有一天，他因父亲的一句话而改变。那天，父亲从城里回来，到了车站后还得坐一趟公车。为了省两元钱，父亲步行几十里走了回来。

父亲一进门，就累得坐在椅子上，对母亲说："为了心疼两块钱，我走路回来的。"他已经习惯了偷，又忍不住把手伸进爸爸挂在墙上的外套口袋。但翻来翻去，只翻出一张两元的纸币。黑黑的，很脏。

以前他偷了钱喜欢去玩游戏，或买好吃的。但那天，他在街上逛了好几圈，始终不忍心将那两元钱花出去。

"为了心疼两块钱，我走路回来的。"父亲的话不断在他脑际回响，触动了他心中最柔软的一处。他第一次为自己的行为感到不安、内疚和痛苦。最后他飞快地跑回家，将手心中炭块般的两元钱重新放进父亲的衣袋里。

在这之后，他还是忍不住想要偷，只是每次偷回来后又将偷来的钱重新放回到父母的口袋中。反复几次后，他终于找回了内心善良的自己，再也没有将手伸到任何不该到达的地方。

后来，男孩一直中规中矩地生活。他的改变，不是源自什么棍棒式的管教，而仅仅是源自两元钱的教育！

因为，柔软胜于坚硬，和风细雨的言传身教往往比暴风骤雨的拳头棍棒更加奏效：拯救高于惩罚，拯救一个人的灵魂永远比制裁一个人的肉体要高明得多。

听力材料（卷三）

（音乐，30秒，渐弱）

大家好！欢迎参加HSK（六级）考试。
大家好！欢迎参加HSK（六级）考试。
大家好！欢迎参加HSK（六级）考试。

HSK（六级）听力考试分三部分，共50题。
请大家注意，听力考试现在开始。

第一部分

第1到15题，请选出与所听内容一致的一项。现在开始第1题：

1. 英国皇家动物保护协会是英国极具社会影响力的动物保护组织。申请加入该协会志愿者的门槛不高，只要你喜欢小动物、热衷公益就可以。

2. 本周双休日天气不冷不热，由于天空一直有云，紫外线强度有所减弱，阳光不再耀眼，对户外活动和郊游踏青十分有利。打算周末出去游玩的朋友白天适宜穿单衣，早晚加件外套就行了。

3. 成功的人和失败的人，一个重要的区别，就在于他们的习惯。成功的人，往往不断培养自己养成好的习惯，改变自己的坏习惯；而失败的人恰恰相反，他们对于自己身上的一些坏习惯总是听之任之。

4. 南非美食似乎并不多见，其粗犷的豪食方式让南非菜更具神秘感。南非菜系其实有两种风格，做法上也更为融合，吸纳了东南亚、中东和欧陆菜的特点，让人分辨不清到底什么是正宗的南非菜。

5. "国际儿童图书日"是1967年由国际少年儿童读物联盟发起的，旨在纪念丹麦儿童文学大师安徒生的诞辰，同时也提醒人们重视儿童图书的出版发行，让儿童在阅读中健康成长。

6. 一支淘金队伍在沙漠中行走，大家都步伐沉重，痛苦不堪，只有一个人快乐地走着，别人问："你为何如此惬意？"他笑着："因为我带的东西最少。"

7. 健身者应该至少准备两双多功能的运动鞋或慢跑鞋，每周替换一次；考虑到季节的因素，如果居住地温差较大，还应该冬夏季各准备两双；若喜欢体育运动，则要考虑再添置一双专项运动鞋，比如篮球鞋等。

8. 温泉是地壳深处的地下水受地热作用而形成的，一般含有多种有活性作用的微量元素，有一定的矿化度，泉水温度常高于摄氏30度以上。温矿泉对肥胖症、皮肤病等有治疗作用，但须在专业医生的指导下进行。

9. 迷迭香能帮助人们减少对咖啡因的依赖。如果把它磨成末，加入鸡肉或鱼肉里烹调还能帮助消化，增强免疫力。迷迭香很容易种植，只要多晒太阳、常浇水就能茁壮成长。

10. 旅游的时候，他有时跟朋友一起，但更多是自己一个人。他说："英国人本来就很特立独行，即使是学校组织的活动，大家也只是坐一辆车出去，到了地方各玩各的，很自由。"

11. 一家银行日前推出一款个性化信用卡。该卡除具备信用卡基本功能外，最大亮点在于其采用最新的"大彩照"工艺，能以个性化照片为卡面，创造一款客户专属的"照片信用卡"。

12. 20年前，还是大学四年级的她接演了一部电视剧，她也因所演角色一炮而红。从此，她在荧屏上演尽女人的酸甜苦辣。她长得不够漂亮，也没什么绯闻，可这些都没影响观众们对她的喜欢。

13. 举一反三是指，学一样东西，可以灵活地思考，运用到其他相类似的东西上！我们在日常工作生活中，经常会遇到一些新问题。有时可以循旧例按老经验去办，但是如果没有经验可循，则应开动新思维，举一反三。

14. 在悉尼，由于小鸟吃得过多，导致肥胖，无法飞行，人们只好将小鸟送到动物园中，进行减肥。在动物园中，有专用的减肥训练小屋。饲养员在给小鸟喂减肥食物的同时，要对其进行一天3次的运动训练。

15. 不停地轮换交叉双腿，是不耐烦的表现，而一直跷着二郎腿则会让考官觉得你没有礼貌。如果再把两手交叉放在胸前，那就表达出了拒绝或否决的心情。因此，求职时一定要注意坐姿端正。

第二部分

第16到30题，请选出正确答案。现在开始第16到20题：

第16到20题是根据下面一段采访：

男：杨女士，您在前不久被《福布斯》杂志评为中国富豪之一，您有何感想？
女：首先这些名单恐怕离完全的准确还差得很远，我相信在中国很多事业上非常成功的商人都是比较低调的，像我这样那么高调，肯定是不好的事。从我个人来说，所谓的财富其实都是股票市场上的纸面价值。我在公司也只是拿我作为一个主持人和制片人的收入，而我先生在公司没有盈利之前是不拿工资的。
男：从主持人到跃身商界，您是怎么适应这个过程的？
女：说起来好像涵盖的内容比较多，最大的一个不同就是不能靠情绪和感情做事情。因为主持人很多时候还是需要比较感性地考虑问题，但是在经营公司的时候，必须有一个非常严谨的思考问题的方式。这个转变的过程对于我来说是不容易的，但是也在学习。
男：我一直很喜欢看你主持的节目，后来你留美了，但是为什么留学回来后没有去原来的电视台主持节目？
女：可能有各方面的原因，我当时从美国回来后，因为先生的家是在上海，他的事业也主要是在上海。所以对于我来说，再回到北京从事一个每一天都要做的工作是有一定的难度的。
男：您有没有碰到逆境的时候，在您最悲观的时候，考虑过放弃吗？
女：逆境每个人都会经过，我也绝不会比别人少。不管是得意的时候还是悲观的时候，都要了解自己最需要什么，如果对自己想要的东西比较明确的话，就知道如果你放弃的话，自己也会不开心的。做自己想做的事，对于成功和失败可以看淡一点。

16．被评为中国富豪之一，女的有何感想？
17．女的工资收入主要来自什么？
18．管理公司与主持节目最大的不同是什么？
19．女的留学美国之前在哪个城市工作？
20．当处于逆境时，女的觉得应该怎么样？

第 21 到 25 题是根据下面一段采访：

女：程先生，您的风格的形成，尤其是人物画的风格的形成，其实跟1957年你去云南的少数民族地区深入生活、进行采风是分不开的。

男：是的。云南傣族有傣剧。有一次，看傣剧《西游记》，发现里面没有孙悟空。

女：没有孙悟空，《西游记》没有孙悟空？

男：猪八戒也没有。它其实是真正的元曲《西游记》。跟我们平时看到的《西游记》完全不一样。它是直接从元曲改编的。

女：那时候你在云南体验生活，大约待了有多久？

男：半年多，就是画《小河淌水》的时候。

女：《小河淌水》也成为你在那个时段非常有代表性的一个作品。你觉得这样的爱好给你带来了什么样的艺术灵感呢？

男：我感觉到从现有的艺术作品，来研究古代人为什么要画这张画，画了以后有什么影响，来推动我们现在的文化，这是很重要的。这是一种学习。

女：你在画画方面也是这样，希望在前人的基础上有一些自己的变化？

男：是，想有些自己的面目。

女：刚才我们说到摄影，你把摄影也称为你的另一支画笔。

男：这个不要这样说，摄影不能代替画笔，它是用光的关系，摄影没有光就不行了。但是我们中国画也有光，这个光也有另外的处理手法。

女：你特别喜欢看前苏联电影，而且专门去研究爱森斯坦的有关电影的论述。

男：当时画连环画，连续性就是连环画的生命力。爱森斯坦非常注意连续性，日本有好多的电影，比如黑泽明，可能也是从正反两面学习他。

女：其实你在形成自己风格的过程中学古人，也从民间艺术中汲取了很多养料。

21. 傣剧《西游记》跟我们平常看的一样吗？
22. 男的在云南待了多长时间？
23. 男的希望自己的画有什么特点？
24. 男的除了画画外，还擅长什么？
25. 连环画最重要的特点是什么？

第26到30题是根据下面一段采访：

男：今天的嘉宾是一个在全国范围内家喻户晓的人，她曾经做着特别平凡的工作，但是获得了巨大的声誉，我刚才在后台见到她，还是那么漂亮，她就是李素丽。掌声欢迎李素丽大姐。

女：谢谢，大家好。

男：听说，你有好多生活中的小窍门，比如大姐的那个皮肤，保养得特别好，听说你有一个窍门，特别逗，每天用醋洗脸，是吧？

女：对，白醋，在座的不用，都是年轻人。

男：以后，以后需要。

女：你们是天生丽质，我今年都46岁了，也就这几年才开始，要不就太显老了。女人都爱美，我一直比较注重我自己的形象，后来我就跟那些美容专家什么的学，每天用洗面奶把脸洗净，完了倒一点温水，倒那么一小盖醋洗，洗完了之后，你涂点儿爽肤水，抹点儿晚霜什么的就没事了。

男：您现在还会去坐公共汽车吗？

女：我就是靠公共汽车。

男：靠公共汽车？

女：我上下班是走着去，我每天要走将近一个小时，完了再坐几站车，挺好的。

男：你在车上，那个职业病会突然出现吗？就是本能地要帮人。

女：你甭说在公交车上，就是我坐电梯、坐地铁什么的，只要看见岁数大的，就想说：您慢点儿，您慢点儿，我这儿扶着呢，您甭着急。已经习惯了。

男：可是您现在再坐地铁、坐车什么的方便吗？还是会有很多坐车的人知道你是李素丽。

女：对对对，所以我现在上班的打扮，有可能就是牛仔衣，戴个墨镜，把头发一散，就这样。我每天6点多钟就从家出来，一个是锻炼，再一个那会儿人少。

男：对，那您从来没赶上过高峰的时候？

女：没有。

26．女的曾经是做什么的？
27．她的皮肤是怎么保养的？
28．女的说"靠公共汽车"是什么意思？
29．因为职业的关系，女的看到老人会怎么样？
30．女的早上上班一般几点出发？

第三部分

第31到50题，请选出正确答案。现在开始第31到33题：

第31到33题是根据下面一段话：

古时候，一位父亲和他儿子出征。父亲是将军，儿子还只是个小兵。临战前，父亲庄严地托起一个箭囊，其中插着一只箭。父亲郑重对儿子说："这是家传宝箭，佩带在身边，力量无穷，但千万不可抽出来。"

那是一个极其精美的箭囊，佩带宝箭的儿子英勇非凡，所向披靡。当鸣金收兵的号角吹响时，儿子再也止不住得胜的豪气，完全背弃了父亲的叮嘱，强烈的欲望驱赶着他一下子就拔出宝箭，试图看个究竟。骤然间，他惊呆了。

一只断箭，箭囊里装着一只折断的箭。儿子吓出了一身冷汗，突然间意志坍塌了，结果惨死于乱军之中。

战争结束后，父亲拿着那柄断箭，叹道："不相信自己的意志，永远也做不成将军。"

31．战争前，父亲给了儿子什么东西？
32．当儿子看到一只折断的箭时，他是什么反应？
33．这个故事告诉我们什么？

第34到36题是根据下面一段话：

第二届关于糖尿病治疗的亚太区培训会议11日在上海举行。杨教授在会议上对中国糖尿病的发展趋势表示担忧。

随着生活水平的提高，中国城镇人口糖尿病的发病率正在增长，在中国男性人口中，三十至六十岁年龄段人群该病的发病率增长更快。中国人中"糖调节受损"者也是这个年龄段居多，而该现象是介于正常和糖尿病之间的一种征兆。杨教授据此表示：如不进行干预，10年后中国糖尿病发病情况堪忧。

中国经过十几年的快速发展，人民收入及生活水平大幅提高，糖尿病的发病率却随之上升。目前中国糖尿病的发病率已经和十几年前香港、台湾及新加坡等国家或地区接近。

而另一份相关调查显示，目前中国大陆糖尿病患者人数已居世界第二位，预计2025年时将达5930万人。

34．杨教授对中国糖尿病发展趋势表示了什么？
35．糖尿病患者更容易在哪个年龄段出现？
36．目前中国大陆糖尿病患者人数居世界第几位？

第37到39题是根据下面一段话：

中国的麦当劳餐厅从9月29日起，部分产品售价上调。其老对手肯德基方面则表示，暂时没有调价计划。这已经是麦当劳今年第三次涨价了。

这次提价产品包括早餐组合、全天候6元产品等，以前的"9元早餐组合"变成"10元早餐组合"；麦香鸡、麦辣鸡翅、派、麦辣鸡柳卷等4款"6元产品"也都上调1元，此外还有几款早餐上调了0.5元或1.5元。

麦当劳中国公司称，提价是由于不断上升的食品、纸张、劳动力和燃料成本，公司尽了最大努力来控制成本以避免产品价格上涨，然而，不断上升的成本超出了公司的可控范围，因此公司需要对餐单中部分产品价格进行小幅的上调。

37．今年麦当劳一共提了几次价格？
38．麦当劳原来的早餐组合卖多少钱？
39．麦当劳为什么提价？

第40到42题是根据下面一段话：

美国好莱坞曾拍过一部电影，它创造了一种大胆的科学设想：一只蚊子吸取了恐龙的血液，恰巧又被琥珀完美保存至今日，科学家因此得到了恐龙的DNA，再现了恐龙时代。再大胆地设想一下，我们能不能让一个西汉人站在我们面前呢？

中国考古工作者于2002年7月初在连云港市发现了一具保存完好的汉代女尸。这具浸在棺液中的古尸是中国首次在长江以北发现的汉代湿尸，也是继湖南长沙马王堆汉墓、湖北荆州汉墓之后，中国又一次发现保存完好的汉代古尸。这具已超过2000多年的古尸皮肤完好，肌肉尚有弹性。保存如此完好的古尸并不多见，这令专家颇感兴趣。如果从中提取出完整的DNA，就能知晓这个人的遗传信息，给以后的研究包括再现古人提供一系列的生物学基础。不过，尸体经过上千年的变迁，还能保存基本人形已经是个奇迹了，里面的DNA是否存在、完整程度如何，尚难预料。

40．在电影中，什么吸取了恐龙的血液？
41．人们什么时候在连云港发现了汉代女尸？
42．这是中国第几次发现保存完好的汉代古尸？

第 43 到 46 题是根据下面一段话：

他中专毕业，学历不高，又没实际工作经验，毕业后一直找不到工作。最后，总算被一家私营水电安装公司录取。说是"技术员"，实际上跟民工没有什么区别，搬沙扛水泥，干的都是些力气活。两个月后，他便辞职走了。

一天他意外地发现高中同学张力在街上开了一家电器维修店，生意还不错。他平时也喜爱摆弄电器，有这方面的专长，于是决定往这方面发展。

在父母的资助下，他进了一家职业技术学校，学习电器维修知识。结业后，因为技术不错，他被学校推荐到一家宾馆当电器维修工。他十分珍惜这个难得的就业机会。宾馆的后勤人员换人如走马灯一般，唯独他一干就是七八年。

后来，他听说当地某厂要招一名电工主管，待遇很不错，于是辞掉了宾馆的工作，凭着自己高超的技术最终被录取。在新的工作环境中，他还是勤学苦练，很认真地工作，现在他已经是这家企业的电工主管兼值班工段长。单位还给他办理了养老及医疗等各类保险。对目前的待遇，他感到很满足。

43．对于目前的生活，他觉得怎么样？
44．他的第一份工作主要干些什么？
45．他平常的时候喜欢做什么？
46．他能获得现在的成功，主要靠什么？

第 47 到 50 题是根据下面一段话：

现在的公司招聘学生的方法有明显改变，不再像过去一样将指标分解到各高校，而是有一个面向全国的总招聘计划，遇到中意的学生就立即签订协议。用人单位对学生综合素质的要求也有明显提升，具有文艺、体育特长的学生比较受欢迎。据某高校老师透露，在昨天的"双选会"之前，已有20多家用人单位到该校选定了400多名学生，其中大部分是本科学生，甚至还有不少专科生。成熟企业是不会"高消费"用人的，他们根据岗位需要确定用人条件，专科生可以做的不要本科生，本科生可以干的活，不会接收研究生——学历高的用人成本也更高。

用人单位十分在意学生的学习成绩。学生的学习成绩如果有"挂科"记录，用人单位一般会毫不犹豫地退回《自荐书》。虽然强调综合素质，但学业成绩也是重点考核内容。现在用人单位对大学生的外语要求也有提升，没有通过大学英语四级考试的一般很难受聘。一家公司的工作人员介绍，随着海外业务的拓展，公司对员工的外语水平要求相应增高。

47．现在招聘单位招聘学生有什么改变？
48．在招聘过程中哪些学生比较受欢迎？
49．用人单位肯定不会录用什么样的人？
50．为什么用人单位对英语要求提高了？

听力考试现在结束。

新汉语水平考试
HSK（六级）

卷 四

注 意

一、HSK（六级）分三部分：

    1. 听力（50题，约35分钟）

    2. 阅读（50题，50分钟）

    3. 书写（1题，45分钟）

二、听力结束后，有5分钟填写答题卡。

三、全部考试约140分钟（含考生填写个人信息时间5分钟）。

新汉语水平考试
HSK（六级）
卷四

一、听 力

第一部分

第1-15题：请选出与所听内容一致的一项。

1. A 英国老人不热情
   B 她喜欢和老人旅行
   C 她住小旅馆是为省钱
   D 小旅店的价格不便宜

2. A 格子衣服是古董
   B 格子衣服正流行
   C 大家都穿牛仔服
   D 格子衣服在70年代流行

3. A 看电视不应眨眼
   B 看电视应关灯
   C 干眼症都是看电视引起的
   D 长时间盯着电视易得干眼症

4. A 穿西装可以配各种鞋
   B 黑皮鞋只能配黑衣服
   C 穿西装只能穿黑皮鞋
   D 白色的西装能配黑皮鞋

5. A 烦恼没有必要
   B 要背很轻的东西
   C 学会放弃才会快乐
   D 与快乐结缘不容易

6. A 两人都不着急
   B 两个人都换了鞋
   C 一个人要和老虎赛跑
   D 其中一个人要跑得比另一个人快

7. A 火山可分为两类
   B 睡火山不会喷发
   C 所有火山都会喷发
   D 活火山一直喷发

8. A 宝宝一点盐都不能吃
   B 宝宝喜欢吃成人食品
   C 宝宝的食品不用太讲究
   D 宝宝不宜过早吃成人食品

9. A 茜茜公主了解中国
   B 茜茜公主喜欢演戏
   C 茜茜公主来自北美
   D 很多中国人知道茜茜公主

10. A 他在地铁工作
    B 他是个艺术家
    C 他经常乘地铁
    D 他在台上演出

11. A 学外语要循序渐进
    B 外语可以很快学好
    C 学外语没有好方法
    D 学外语不用背单词

12. A 纯羊毛毯永远不会掉色
    B 纯羊毛毯颜色都不均匀
    C 纯羊毛毯适用于任何地方
    D 纯羊毛毯不适合某些场所

13. A 父女一起做功课
    B 下午可能会下雨
    C 女儿想去看荷花
    D 父女现在就去看荷花

14. A 这部电影内容复杂
    B 这部电影是讲海洋的
    C 这部电影有传奇色彩
    D 这部电影反映真实的生活

15. A 在瑞士坐火车很繁琐
    B 在瑞士不应选择坐火车
    C 游瑞士坐火车很方便
    D 瑞士的火车信息不详细

第二部分

第16-30题：请选出正确答案。

16. A 16岁时
    B 四五岁时
    C 会写字时
    D 高中毕业

17. A 常惹爸妈生气
    B 不听妈妈的话
    C 学习成绩不太好
    D 没走爸妈希望的路

18. A 不太帅
    B 很绅士
    C 很没礼貌
    D 非常沉默

19. A 古典音乐
    B 摇滚音乐
    C 流行音乐
    D 嘻哈音乐

20. A 多赚钱
    B 引人注意
    C 宣扬和平
    D 提高知名度

21. A 台球
    B 篮球
    C 足球
    D 太极拳

22. A 教科书
    B 人物画
    C 新报纸
    D 连环画

23. A 春节后
    B 大年三十
    C 大年初三
    D 十一假期

24. A 如何带球队
    B 做人的道理
    C 如何踢足球
    D 不怕失败的精神

25. A 非常严厉
    B 非常慷慨
    C 非常小气
    D 非常强势

26. A 主持人
    B 公司老板
    C 学校老师
    D 社会记者

27. A 体育类节目
    B 比较刺激的节目
    C 有挑战的新节目
    D 专题性的人文节目

28. A 能力强
    B 很漂亮
    C 很专业很刻苦
    D 对自己很挑剔

29. A 半年
    B 2年
    C 5年
    D 11年

30. A 专心管理公司
    B 去美国采访名人
    C 回到电视台工作
    D 推出一对一的访谈节目

第三部分

第 31-50 题：请选出正确答案。

31. A 很担心
    B 很开心
    C 很讨厌
    D 无所谓

32. A 步行
    B 坐公车
    C 骑自行车
    D 坐三轮车

33. A 让我先走
    B 让我停下
    C 等我一起走
    D 牵我的手

34. A 车主姓名
    B 车牌尾号
    C 所住地点
    D 买车时间

35. A 10 多万辆
    B 50 多万辆
    C 100 万辆
    D 200 万辆

36. A 3 小时
    B 8 小时
    C 15 小时
    D 24 小时

37. A 1、2 月
    B 3、4 月
    C 7、8 月
    D 10、11 月

38. A 越南
    B 印度
    C 中国云南
    D 以上三项都有

39. A 沙漠里
    B 山谷里
    C 山地杂木林内
    D 文章没有提到

40. A 东莞
    B 上海
    C 珠海
    D 中山

41. A 4 人
    B 18 人
    C 22 人
    D 43 人

42. A 慎重
    B 担心
    C 期待
    D 无奈

43. A 很严重
    B 受了惊吓
    C 腿骨折了
    D 心理出了问题

44. A 中午
    B 上午 9 点
    C 下午 3 点半
    D 晚上回家时

45. A 非常自信
    B 彻底绝望
    C 有点担心
    D 一心求死

46. A 她养的猪
    B 另一头熊
    C 路过的人
    D 她养的 5 头水牛

47. A 太空的样子
    B 未来地球的发展
    C 未来人类的样子
    D 未来居住的情况

48. A 慢慢进化
    B 停止进化
    C 迅速退化
    D 成为超级人种

49. A 社会竞争
    B 互相利用
    C 文化的发展
    D 自然选择和基因突变

50. A 居住
    B 生存
    C 营养
    D 竞争

二、阅 读

第一部分

第51-60题：请选出有语病的一项。

51. A 在老师的教导下，让我提高了认识。
    B 关于你服用禁药的言论层出不穷，你有何看法？
    C 越来越多的人开始认为，你们可以击败"湖人队"。
    D 世上没有不经历风雨就看得见的彩虹，同样没有样样便宜都占尽的职业。

52. A 她仅比我大7岁，在公司却已位高权重。
    B 我们的销售情况已经回暖，价格也有所提高。
    C 只有时刻学习，也能增长见识。
    D 这一带曾多次发现"野人"的足迹、毛发和粪便。

53. A 很多人都知道：世界上第一枚邮票叫"黑便士"。
    B 成为一位非常年轻的球员，参加奥运会是否让你感到很有压力？
    C 为节省开支，他们将北京工作站设在一套破旧的民居里。
    D 今年是这4家公司在这一绿化项目上合作的最后一年。

54. A 我曾经在一家很大的公司待了5年。
    B 小王每个月都会来五道口的一家理发店一次理发。
    C 导游，再没有哪一种职业能让人有如此丰富的旅行经历了。
    D 他一生共导演了31部电影，此外，他编写的剧本被拍成了68部电影。

55. A 点饮料的时候，选择一杯鲜榨的雪梨汁不如。
    B 听到广播后，女孩的父亲连忙跑去寻找列车员。
    C 在这个经济不稳定的时代，公务员是最稳定的职业。
    D 俗话说"情人眼里出西施"，所以在相爱的时候，一定会觉得对方很好看。

56. A 生活中，每张照片都有美丽的故事、美好的回忆。
    B 企业道德和责任感的丧失，必然导致商业上的失败。
    C 我们应尽量避免不犯错误或少犯错误。
    D 不能让一个孩子因贫穷而失学，为此，学校成立了"爱心助学小组"。

57. A 按照一部交响乐的结构，音乐会表演共分成6个段落。
    B 走在俄罗斯城市的大街里，随处可见美丽、迷人的俄罗斯姑娘。
    C 这项运动的意义在于没有任何束缚与控制，只有自由地从天而降的过程。
    D 如果手机掉进了马桶里，应立即取下电池，避免因短路而烧掉内部元件。

58. A 我觉得每个礼拜只要花 3 个小时的时间,就可以把所有工作轻松从容地做完。
    B 我第一次把音乐接触,是八九岁时,那时候我的姑姑刚回中国,开始教我唱歌。
    C 无论是处方性眼药还是非处方性眼药,绝大多数都含有防腐剂的成分。
    D 人的一生中,如果仅靠工资性收入,也许只能满足基本生活所需,想要稍微过得好点儿,还需要适当理财。

59. A 她在训练中常常进入忘我境界,往往训练已经结束了,她还在水中继续练着。
    B 将一大盘热气腾腾的食物直接放进冰箱会导致冷却不均匀,甚至会造成食物中毒。
    C 《青年周末》曾做过一个调查,参与投票的五千人多中,70%的都烦透了自己的工作。
    D 据电视台报道,从9月底回到北京以后,3名航天员就开始进行一系列身体检查与康复训练。

60. A 西单大街是北京最著名的传统商业区之一,这里"商贾云集,人气高涨",日均客流量在20万以上。
    B 她从14岁开始学打排球并喜欢上了这项运动,每年回北京过暑假的时候,她都会跟着北京队训练。
    C 绘画,最初是一种在二维平面上以手工方式临摹自然的艺术,在中世纪的欧洲,人们常把绘画称为"猴子的艺术"。
    D 这场比赛十分激烈,经过加赛局,我们队才获胜,教练终于松了一个气。

第二部分

第61-70题：选词填空。

61. 跟小马熟悉_____，才发觉他真是个有意思的人。他在一家外企担任策划，但他不想坐班，又不时能搞出点新花样，_____单位也就任他去做。我们吃饭喝茶的一些好地方都是他"开发"出来的，_____有意思。
    - A 下来　因此　不对
    - B 起来　于是　绝对
    - C 过来　但是　一定
    - D 上来　就是　相对

62. 记者没有固定上班时间_____因为他们也没有固定的下班时间。无论你在干嘛，一个电话响起，就必须快速到达第一_____。如果你还是个有社会责任感的深度报道记者，自己和家人的人身_____也不太能保证。
    - A 不会是　地方　关系
    - B 之所以　场地　威胁
    - C 主要是　现场　安全
    - D 不会是　现象　问题

63. 气象专家_____，夏季出现此类现象很正常。"一方面，夏季热对流旺盛，易生雷暴云团；另外一方面，_____这个季节多吹偏南风，海上水汽大量供往陆地，为降雨提供了_____。"
    - A 表示　眼下　条件
    - B 表达　现在　基础
    - C 表现　现下　条例
    - D 说明　眼前　原因

64. 她在日本留学_____，主要得益于两位日本著名画家的_____。他们是油画家有岛生马和中川纪元，这两人均熟悉各种油画技术，_____擅长法国野兽派的艺术，_____当时日本画坛冲击很大。
    - A 时代　提拔　特别　把
    - B 期间　指点　尤其　对
    - C 时期　辅导　甚是　给
    - D 年代　点化　其实　让

65. 教师是"人类灵魂的工程师"，听起来真是又纯洁又美好。好像_____步入这个行业，便可以两耳不闻窗外事，外面世界那些糟糕的事_____跟你无关，你只需好好钻研，认真对待讲台下那一双双_____的大眼睛就好。每年的寒暑假更是最吸引人的_____。
    - A 一下　满满　漂漂亮亮　措施
    - B 一向　全部　简简单单　地方
    - C 只要　统统　求知若渴　待遇
    - D 只要　统一　津津有味　机会

66. 她＿＿＿1992年5月27日，是母亲心中的"太阳"。1995年，她的父母在美国离婚，＿＿＿美国法律，父母＿＿＿对她承担一半的抚养权。由于她母亲长期在外执教，她俩一年里见面的＿＿＿也不多。
   A 出生　根据　各个　时间
   B 出来　安排　自己　机遇
   C 生出　照顾　个个　次数
   D 生于　按照　各自　机会

67. 长期使用电脑工作的人，＿＿＿在工作一定时间后，会出现视疲劳或慢性结膜炎的症状，如果这时＿＿＿一两滴眼药水，眼睛顿时会有一种湿润舒适的感觉。＿＿＿，出现眼睛不适就马上使用眼药水治疗，这＿＿＿是一个误区。
   A 常常　浇　然而　实际
   B 往往　点　不过　其实
   C 平常　滴　所以　确实
   D 经常　挤　因而　其中

68. ＿＿＿他在一起，我们都变得轻松起来。他是＿＿＿的性情中人，可他并不酸腐。他的创意都是在厨房里完成的。他说很多男人＿＿＿做饭，认为太耽误时间，实际上，只要内心安定，不在乎环境＿＿＿。
   A 和　千方百计　热爱于　为何
   B 当　与日俱增　害怕于　怎样
   C 跟　少数之中　不乐于　如此
   D 与　为数不多　不愿意　如何

69. ＿＿＿不良的坐姿或长久停留在电脑前，最＿＿＿造成颈项肌的疲劳，引起颈肩痛、项肌痉挛，甚至＿＿＿头晕；久而久之，＿＿＿在成年之后过早地出现颈椎间盘退行性变，＿＿＿颈椎病。
   A 经常　易于　体现　不必　出现
   B 长久　可能　呈现　一定　引起
   C 长期　容易　出现　势必　导致
   D 常常　方便　可能　未必　以致

70. ＿＿＿日本人的认真和勤奋，日本的上班族经常"义务"加班加点，有时＿＿＿周末和节假日也来公司上班。有的人加班是因为领导或同事还没有干完活，不好意思＿＿＿下班。这种出于维护人际关系和群体归属感的加班，在日本被＿＿＿"人际残业"。
   A 由于　甚至　提前　称为
   B 因为　不至　提出　当成
   C 于是　甚是　先前　叫做
   D 由此　至于　最前　称呼

第三部分

第 71-80 题：选句填空。

71-75.

"浙江革命烈士纪念馆"地处西湖之滨的万松岭上，安静优美，一般很难找到，但自 3 月底开展《钱江英烈颂》免费展览以来，不到一个月的时间，前来凭吊、参观的多达 60 余万人次，"感言墙"上贴满了观众留言。（71）_____，便能让更多的人自觉接受革命传统熏陶，好处不言而喻。

作为重要历史事件、重要历史人物、重要文化成果等集中展示的场所，博物馆和纪念馆理应最大限度地向公众开放，让人们在回味历史、品味传统中提高自己。（72）_____，才能懂得今天的来之不易。一张张要价越来越高的门票，就好像卡在人们和历史之间的阻力，让很多收入偏低的人犹豫再三，（73）_____。

免费开放博物馆、纪念馆等爱国主义教育场所，如今在各地都逐渐发展盛行起来，（74）_____。浙江省从 2004 年 1 月 1 日起免费开放博物馆以来，游客迅速增长，目前已吸引数百万人参观。据有关部门介绍，今明两年全国免费开放的博物馆、纪念馆将达 1400 多家。

（75）_____，为千千万万群众从生动的历史遗迹和文物中吸取精神营养打开了方便之门，有利于人们怀着感谢的心追思先烈事迹，发扬传统，更好地担起时代使命。

A 免掉一张票

B 甚至无奈放弃参观

C 读懂了往昔的血火战争

D 取得了良好的社会效益

E 众多免去门票的爱国主义教育场所

76-80.

每天与驴共进晚餐？（76）_____。但对于英国的一个家庭而言，这却是他们的家常便饭。

据报道，英国一对夫妇都是动物爱好者，他们3年前搬到了康沃尔的一个小农场定居，（77）_____。在5英亩的草地和果园中，他们一共喂养了4只狗、2只羊、2头驴、1只小马驹、4只鸭子，看起来简直是一个小型动物园。不仅如此，他们对所有宠物都奉行"门户开放政策"。

6岁的小驴"丽丽"和它的新伙伴"蛋蛋"就是在这样的"政策"下在他们的家庭生活的。据主人介绍，这两头小驴特别喜爱法国吐司面包、香蕉、饼干和三明治，（78）_____。

这对夫妇告诉我们，他们来这里快3年了，一直都热爱动物。驴是一种非常友善的动物，（79）_____。但是在让它们进屋之前，他们必须把所有东西都收好了，尤其是放水果的玻璃碗。

这对夫妇并不满足于仅仅让驴子进屋，他们还允许所有的宠物在厨房和客厅里自由漫步。据说她的两个孩子，12岁的儿子和9岁的女儿，（80）_____，因为他们就是与这些小宠物一起长大的，而且已经习惯了。他们觉得，如果朋友来的时候，有几只小母鸡在他身边走来走去，是多么有趣的事啊！

A 完全不介意

B 而且很喜欢和人类在一起

C 它们每天与主人共进晚餐

D 这听起来太不可思议了

E 就是为了享受与动物在一起的快乐

第四部分

第81-100题：请选出正确答案。

81-84.

某地近日惊现雪地奇景，一场大雪过后，当地居民在一处开阔的平原地区发现了几十个像卷轴一样的"雪滚轴"，就好像是有人像卷地毯一样将雪卷起来了一样。刚开始人们还以为是小孩子们的恶作剧，但是在这附近并没有发现任何人的脚印，后来甚至有人认为这一定是外星人弄的。那么，这些"雪滚轴"究竟是怎么一回事呢？

12月的某一天，当地的消防员在下班回家的路上，发现了雪地上一个个像卷轴一样的东西，十分惊讶。因为早上上班的时候它们还没出现，一定是在短短几小时的时间里形成的。随后他下车走近观察这些"雪滚轴"，发现它们每个都有大约60厘米高，而周围一个人类的或动物的脚印也没有。

这个消息一传开，立即引来大批当地居民去看个究竟，他们都惊叹这一奇景，纷纷议论它们到底是怎样形成的。最终，气象学家表示，这其实是一种非常罕见的自然现象。

想要形成这样的"雪滚轴"，温度、湿度、风速和地势条件缺一不可。此次这里出现这么多"雪滚轴"实在是非常难得，许多从事气象学研究的科学家也是头一次见到。

81. 最开始人们发现"雪滚轴"时，认为是谁做的？
    A 外星人   B 行人
    C 大风   D 孩子

82. 这个奇景是由谁发现的？
    A 一个消防员   B 路过的孩子
    C 要饭的老人   D 外出的妇女

83. 气象学家表示，"雪滚轴"：
    A 不可能出现   B 极其少见
    C 是人为制造的   D 非地球人所为

84. 当听到"雪滚轴"的消息后，当地居民：
    A 伤心   B 担心
    C 吃惊   D 无奈

85-88.

　　他受朋友的邀请，去朋友的家乡。那是一个大约只有一万多人、但却奇异得令人着迷的小镇。镇里镇外到处都种满了樱桃树，甚至各家的房前屋后都是。一踏进镇子，就感受到了浓浓的乡情。街上的每个人都冲他点头微笑。

　　休息了一会儿后，他想去镇上到处逛逛。路边有好多家卖樱桃的。他随便进了一家，看到有人在排队购买。这里的樱桃有鲜明的等级，特等樱桃最大最红，一等樱桃看起来颗粒稍小，颜色也略差。在特等樱桃前，没有一个人排队购买，他猜想肯定这樱桃的价格特别高。于是，他没有多想就排到了一等樱桃后的队伍中。这时，他身边一个男人拍拍他的肩，又指指特等樱桃，示意他去那儿。女店主更是停下手，走到装满特等樱桃的筐前，拿起纸袋，装了满满两袋特等樱桃，没过秤，直接推到他的跟前。

　　他赶紧掏出钱包，问多少钱。老板笑着摇摇头，说："这樱桃是免费的，不收钱。"他非常惊讶，特等樱桃居然是免费的？回到朋友家，向朋友讲起在樱桃店发生的事。朋友笑了，说："这是小镇的传统。镇上的樱桃树，结出的特等樱桃不会自己吃，也不会放到店里卖，而是进了店里的'免费筐'。凡是来镇上的游客，都可以免费得到最好的樱桃。"

　　原来如此，他点点头。在小镇上住了3个月后，他临走前将自己随身带的书籍赠送给小镇图书馆。

85. 他觉得这是一个怎样的小镇？
　　A 很拥挤　　　　　B 非常小
　　C 很特别　　　　　D 很凉快

86. 特等樱桃前没人排队，他觉得是因为：
　　A 还没成熟　　　　B 价钱太贵
　　C 质量不好　　　　D 形状不好

87. 为什么老板给他的樱桃没有过秤？
　　A 老板娘忘了　　　B 樱桃是免费的
　　C 老板娘被他打动了　D 今天是特别的日子

88. 他在朋友家乡待了：
　　A 1个月　　　　　B 3个月
　　C 6个月　　　　　D 12个月

89-92.

　　大家都知道不应该让老实人吃亏，可是在现实生活中，吃亏的常常都是老实人。老实人可以分为两种类型。一种是天生的老实。这种人传承了先辈老实的基因，遇到的都是老实人、老实事，不知不觉中形成了做事不怕苦不怕累、为人憨厚实在的品格。另一种是"修来"的老实。这种人生性不憨，头脑也不笨，是非观念明确，办事能力很强，不属于"天生的老实"一类，但把做老实人当成一种修养和境界。无论哪一类老实人，我们的社会都需要，都不能让他们吃亏。

　　让人感到遗憾的是，现在老实人受冷落、被亏待的现象在一些地方和单位依然存在：有的人认真踏实地做事，哪里需要他，他就去哪里，可是一有提拔、升职的机会，却往往因为不会讨好别人而得不到机会；有的人潜心钻研、认真工作成为业务骨干，但由于不愿提要求、不会讲价钱，常常被当成"螺丝钉"，别人只说他是"能者多劳"。与之相反，那些善于察言观色、溜须拍马的"聪明人"，却总是事情干得不多，好处得了不少。老实人吃亏，投机者得利，是对老实人的不公平，也是对投机者的纵容。那么，怎么扭转这一局面呢？

　　领导应更加关注老实人。领导的价值取向对一个单位的影响是很大的，在如何对待老实人的问题上，领导应该起到带头作用。

　　社会应更加尊重老实人。老实人是吃亏还是吃香，与整个社会的价值观有着很大关系。过去人们结交朋友，选择的是老实人；办理事情，相信的是老实人；选人用人，看重的是老实人。现在，人们的思想观念和价值取向更加多样化了，但"老实"还应当是做人的基本原则。所以，应当在全社会大力提倡崇尚老实人的良好风气，让老实人受肯定、受尊敬，让老实人能干事、干成事，让老实人少吃亏、不吃亏。

　　老实人自己也应该昂起头来，以实际行动证明：我老实，但我也很行。

89. 文章第一段主要讲了什么？
　　A 老实人的行情　　　　　　B 老实人的数量
　　C 老实人的缺点　　　　　　D 老实人的特点

90. 第一段中"'修来'的老实"的意思主要是指：
　　A 被动地不得不老实　　　　B 跟别人学习来的老实
　　C 主观上要求自己要老实　　D 在周围人影响下成为老实人

91. 作者认为时下哪些现象让人觉得遗憾？
　　A 老实人被亏待　　　　　　B 老实人没有了
　　C 老实人受重用　　　　　　D 老实人不老实

92. 无论什么时候，为人处世的基本准则都是：
　　A 坦白　　　B 聪明　　　C 老实　　　D 积极

93-96.

我们曾让身边很多的人做这样一个游戏：假设可乐两元钱一罐，两个空罐可以换一罐可乐，如果给你6元钱，你最多能喝几罐可乐？几乎90%的人都说："是5罐吗？"

通过这个游戏，我们可以知道空罐其实就是闲置的资源，空罐就是价值；每个人都有空罐，都有很多资源闲置着，如果我们能充分地利用它们，我们将会发现它们的价值不可小看。

我们可以仔细看看上面的游戏。大部分的人都能喝到5罐可乐，那么如何想办法喝到第6罐可乐呢？这才是游戏的核心。也许很多人会说，我只有一罐可乐了，没法继续了，干脆喝完扔掉，反正一个空罐也没什么价值。这里我们应该思考两个问题：一，空罐到底有没有价值？二，你能否用自己手中的空罐和别人合作，充分利用双方手中的空罐？

思考这两个问题，会拓展你的思路。我们要学会分析相关信息，并把握暂时无用信息的价值，这非常重要。今天无用的信息可能成为明天成功的关键。

获得第6罐可乐的关键是找到一个空罐。其实你可以这样做：把第5罐可乐喝掉，再向别人借一个空罐，就能换回第6罐可乐，把可乐喝掉后再把空罐还给人家。不要轻易放弃任何资源，即使它现在没有用处。

成功属于那些认真思考并利用空罐价值的人。生活中只有少部分人真正相信自己能够获得"第6罐可乐"。他们凭着自己的信念，敏锐地感知身边的事物，时时刻刻在发现一切"空罐"。大多数人没有能力去发现，只因为他们无法转换思路，最大限度地利用已有的资源。

93．文章第一段的游戏让我们发现：
　　A 闲置资源的价值　　　B 闲置资源很可怕
　　C 闲置资源应扔掉　　　D 闲置资源每个人都有

94．思考由空罐引发的问题，可以：
　　A 让你赚钱　　　　　　B 让你变聪明
　　C 拓展你的思路　　　　D 让你相信自己

95．在上面的游戏中，我们怎么得到第6罐可乐？
　　A 花钱买　　　　　　　B 借一个空罐
　　C 悄悄地拿一个　　　　D 说服老板送一罐

96．什么样的人能争取到6罐可乐？
　　A 有钱的人　　　　　　B 会算计的人
　　C 善于发现的人　　　　D 敢于争论的人

97-100.

去年元旦，我回乡下看望奶奶。年前，奶奶中风行动不便，平时不便出去活动，在低矮的老宅里整天只能和一台电视机为伴。而这些，是母亲在电话里告诉我的。

见到我，老人家兴奋异常，激动地说："好，好，好。"我扶奶奶到屋外晒太阳，讲我的家庭，我的梦想，还有我小时候的童趣。奶奶越听越高兴，说要为我颁奖。奶奶叫来保姆，拿出了所谓的"子女探望奖"，一块红手帕里包着两张百元大钞。我不肯接受，但又担心伤了老人家的心。奶奶笑了："峰儿，今年，你回家的次数最多，应该奖给你，拿着。"旁边的保姆朝我点点头，背过头躲开了。我心情复杂地接过"子女探望奖"，拉住奶奶的手，想哭，但硬生生地忍住了。

午后，奶奶习惯了要在床上休息一会儿。趁这工夫，保姆将我拉到屋外，很神秘地从一个衣柜里取出一个软面抄本，郑重其事地说道："这是你奶奶的记账本。"我有些不太明白，伯伯和姑妈们都挣了大钱，奶奶现在有吃有穿，还记账干什么？翻开账本，我看到的竟是：九月初三上午，小儿子回来一次，第二天上午离开家，这是今年第六次回家看我……十月十二下午，大女儿和外孙女来了……十一月初八下午，二女儿打电话来问我要吃点什么……没有一笔人情来往，都是这些细小的探亲琐事。我有些语无伦次，让保姆按原样将奶奶的记账本放回，走到屋外，拨通了父亲的手机："爸，你和妈在外面少挣点钱，多回家来看看奶奶吧！"

97. 生病后的奶奶，每天只能靠什么来打发时间？
   A 打电话   B 看电视
   C 玩游戏   D 和人聊天

98. 我去看望奶奶时，得到了什么奖励？
   A 二百元钱   B 一张奖状
   C 一顿美食   D 一次演讲

99. 每天吃过午饭，奶奶需要：
   A 吃中药   B 卧床午休
   C 看新闻节目 D 出门散步

100. 奶奶的记账本，记录了：
   A 每天的花销 B 看病用的钱
   C 亲人探望的事 D 给子女们的钱

三、书 写

第 101 题：缩写。

（1）仔细阅读下面这篇文章，时间为 10 分钟，阅读时不能抄写、记录。
（2）10 分钟后，监考收回阅读材料，请你将这篇文章缩写成一篇短文，时间为 35 分钟。
（3）标题自拟。只需复述文章内容，不需加入自己的观点。
（4）字数为 400 左右。
（5）请把作文直接写在答题卡上。

一天一个 20 岁出头，长相平平，戴着一副厚眼镜的小伙子来我们公司送名片，他是一个送快递的。不过他穿了西装打着领带，皮鞋也擦得很亮。说话时，有些羞涩，还会脸红，他介绍了自己是哪家公司，然后认真地用双手放下名片就走了。不像他的那些同行，穿着休闲装平底鞋，方便楼上楼下地跑，而且个个能说会道……有同事说，这个傻小子，一看就知道刚做这行，穿皮鞋送快件，也不怕累。

几天后又见到他了，接了他名片的同事有信要发，可能是他的名片在最上面，就给他打了电话。过了十几分钟，他就来了。还是穿了皮鞋，说话还是有些紧张。

单子填完，他仔细地看了好几遍才说了谢谢，收费找零。

因为他那特别的厚眼镜，他那正式的着装，他的认真、谨慎，就下意识地记住了他。隔了几天给家人寄东西，就跟同事要了他的电话。

他很快过来，仔细地把东西收好，带走。之后几天，又送过几次快件过来。

也许是他刚做吧，他的确比一般快递要认真许多，要确认签收人，又等着接收后打开检查，确认无误后才走。所以他接送一个快件，花的时间比其他人要多一些，按这么推算，他赚的钱不会太多。感觉像他这样的傻小子在这个行业肯定做不好。

一晃就到"十一"长假了，放假前一天快中午的时候，听到楼道传来清晰的脚步声，随后有人敲门。没想到是那个快递小伙，他换了件浅颜色的西装，皮鞋依旧很亮。手里提着一袋桔子，进门还没说话，脸就红了，看起来很不好意思，说，我的第一份业务，是在这里拿到的。我给大家送点水果，谢谢你们照顾我的工作，也祝大家节日快乐。

桔子个头不大，味道还有点儿酸，应该是街边水果摊买的，可是我们谁也没说不好吃。半天，有人说，这小子还挺有人情味的。

或许是因为他的桔子、他的人情味，再有快递的信件和物品，整个办公室的人都会打电话找他，还把他推荐给了其他部门。

转眼又到了"十一"，节前总会有往来的物品，那天给他打电话来取东西，是他接的电话，不过来的是另外一个更年轻的男孩，说："我是快递公司的，杨主管要我来拿东西。"

我一愣，马上就明白了，说："他当主管了？"

"是啊。"男孩说，"他年底就去南宁当分公司的经理了。"

当天下午，他的快递公司送来同城快件，是一箱进口的橙子。虽然没卡片和留言，我们都知道是他送的。橙子很大，味道甜美。我似乎又看到了那青涩的桔子。

我终于相信了"认真"是有力量的，那种力量足以让小小的桔子开出花来。

听力材料（卷四）

（音乐，30秒，渐弱）

大家好！欢迎参加HSK（六级）考试。
大家好！欢迎参加HSK（六级）考试。
大家好！欢迎参加HSK（六级）考试。

HSK（六级）听力考试分三部分，共50题。
请大家注意，听力考试现在开始。

第一部分

第1到15题，请选出与所听内容一致的一项。现在开始第1题：

1. 旅游时，她特别喜欢和英国老人交谈，向他们问路的时候，和蔼的老人甚至会直接带她去目的地。为了节俭，她一般会提前预定一些便宜的小旅馆。一般都是家庭式旅馆，早上还有房主做的英国式早餐。

2. 和格子衬衫一样流行起来的"古董级"服装还有长款牛仔衬衫，这种十几年前的流行服装如今又被一些"潮人"追捧。一些潮流人士拿磨白的长款牛仔衬衫当外套，下面配上彩色长筒袜和高帮帆布鞋，别具风格。

3. 长时间眼睛一动不动盯着荧屏，很少眨眼睛，容易使眼睛发干，导致干眼症。有的球迷深夜看球赛怕影响家人休息，把灯光熄灭，电视与室内光线相差太大，眼睛更容易疲劳。

4. 穿西装一定要配皮鞋，千万不要穿凉鞋、布鞋、旅游鞋等，而且皮鞋要擦亮。黑色皮鞋可配各种颜色的西服，其他颜色的皮鞋要与西服的颜色相同或接近才能相配。

5. 每个人生命能够担负的重量是一定的，如果你过早地满载着上路，那必须放弃一些原来珍爱的东西来换取其他。减掉生命的包袱，放弃一些烦恼，一些利益，你便能轻松上阵，就会与快乐结缘。

6. 两个人在森林里，遇到了一只大老虎。一个人就赶紧从背后取下一双更轻便的运动鞋换上。另一个人急死了，骂道："你干嘛呢？再换鞋也跑不过老虎啊！"那人说："我只要跑得比你快就好了。"

7. 火山是地下深处的高温岩浆及气体、碎屑从地壳中喷出而形成的,是具有特殊形态的地质结构。火山可以分为死火山和活火山,一段时间内没有喷发的活火山叫睡火山。

8. 宝宝不宜过早吃成人食物,是因为宝宝的肠胃还没有完全发育成熟,很难消化和吸收成人的食物。而且孩子的肾脏还没发育好,不能处理体内的盐分,要是过早接触盐会加重肾脏的负担。

9. 对很多中国人来说,奥地利的茜茜公主是最出名的一位欧洲公主。这位传奇女性,不仅在欧洲历史上留下了自己的记录,更因其个人形象多次被搬上银幕而为中国观众所熟悉。

10. 入乡随俗,随着对本地文化背景的逐步了解,他的心态很快得到调整和缓解,他意识到地铁站也能体现出艺术家的价值,面对更多的观众,这里才是一个真正的舞台。

11. "欲速则不达"是说想求快速,反而不能达到目的。许多人学习外语往往缺乏耐心,不愿意循序渐进地苦练基本功,不去背单词,也不去分析语法,一心只希望获得"快速掌握外语"的秘诀。结果与自己希望的相反。

12. 羊毛所有的非自然颜色都需要进行后天染色,所以一般纯羊毛地毯在使用一段时间后都会有明显的色泽不均匀、掉色等现象,且羊毛本身的耐磨性差,因而不适合使用频率很高的居室场所。

13. 父亲值夜班回家,看到女儿一大早就伏在桌子上做功课,很高兴,就说:"认真做,下午我带你去公园看荷花。""可是爸爸,天气预报说下午有雨啊!"父亲说:"雨过天晴,荷叶绿油油的,荷花更好看。"

14. 这并不是一部复杂的电影,正因为这份简单,真正的生活才没有因电影之名被曲解。许久以来,电影的光影中被注入太多传奇,普通人的生活却被遗弃,而该片却在平凡中暗起波澜。

15. 只要搞清楚路线,买张通票坐火车游瑞士是最好的选择。出发前,一定要在瑞士铁路官网上把你的出发地和最终目的地输入,系统会自动给出最佳换乘方案,上面有非常详细的车次、换乘时间、站台号等信息。

第二部分

第16到30题，请选出正确答案。现在开始第16到20题：

第16到20题是根据下面一段采访：

男：在你年纪很小的时候，就学习过钢琴，还接受过歌剧训练。但长大之后，却直接进入了现代艺术领域。这和你的幼年经历有关系吗？

女：我很小的时候，大概四五岁的样子，经常写诗。而我的都是很抽象的、很概念化的。我妈妈是一个非常优秀的艺术家，她画很多写实主义的画作，可我并不想走她的路。我爸爸是一位出色的音乐家，所以基本上，我在尝试走一条不同于爸爸和妈妈的艺术之路，非常抽象的艺术领域。我想他们会感到有点失望，因为父母总希望我成为一个有自己风格的保守主义的艺术家或音乐家，但我变成了先锋艺术家，我知道自己要什么。

男：随着你的艺术越来越被大众所接受，你的生活也发生了巨大的变化。

女：是的。

男：就在这时，你遇到了你的丈夫？

女：是的。

男：你第一次见到他的时候，对他是什么印象？

女：我并不知道他是"甲壳虫"的成员，他只是走进展览大厅，我就觉得他是个很迷人的小伙子。

男：很帅吗？

女：帅极了，但同时，他的行为很绅士。

男：你还记得他见你第一面的时候说了什么吗？

女：他没说太多，他爬上楼梯，欣赏我的作品《YES》。瞪了一会儿，然后走下来"嘿嘿"两声，就只有这样而已，随后就离开了。后来，我知道他是被我的作品打动了。

男：在你遇到他之前，你对摇滚乐有兴趣吗？

女：对他们我一点都不了解。我不懂摇滚乐，因为我一直都接受古典音乐的训练。我读大学的时候，大家都听爵士乐，而不是摇滚。我对爵士乐还略知一二，也做过一些演出，但摇滚乐对我来说是一个充满惊喜的相遇。

男：你们结婚时，你送了自己一个非常特殊的礼物，是一场为和平而做的行为艺术——床上和平行动。

女：因为我意识到我的丈夫非常有名，我们的一举一动都会登上报纸，所以我们想，如果不做点特别的事，那岂不是浪费知名度？如果我们仅仅是到了某个酒店，住进去，这太一般了，所以我想，为什么不利用这样一个背景来宣扬和平呢。

16. 女的什么时候开始写诗？
17. 女的为什么觉得爸妈对她有点失望？
18. 女的对丈夫的第一印象怎样？
19. 在认识她丈夫之前，女的常接触什么音乐？
20. 女的结婚时给自己的特殊礼物，目的是什么？

第 21 到 25 题是根据下面一段采访：

女：很多人知道李老师从来不运动，但是很少有人知道他很喜欢拳击和足球这两项激烈的运动。而且对足球是非常痴迷的。你以前跟徐教练认识吗？
男：不认识。我是看报纸上像写小说一样，说徐教练的队一下子输了9个球。
女：兵败吉隆坡。
男：怎么会输得那么厉害？所以我脑中有个简单的想法，是不是足球也要靠文化？是不是用文化来指导运动？所以我就送了一套连环图画给他，上面签了字。说，你去看看小人书。
女：就是一套《孙子兵法》？
男：对，里面有作战时可以参考的方法，虚则实之，实则虚之。他挺好，还写了封回信来谢谢我。我看这个年轻人不容易。
女：徐教练后来说，你是春节前的年三十给他写的这封信。他说那个春节其实是他一生中最难过的一个春节，可是接到你的来信以后，他觉得忽然看到了一线光亮。所以大年三十的晚上，他还是觉得很温暖，因此初三他就到你家来拜年。
男：对，对！他变成了我的老师。
女：他变成你的老师，怎么讲？
男：凭他的坚持、不怕失败，这个就可以做老师了。
女：而且你说你跟他有手足之情，这个怎么说？
男：我是用手拿笔的，他是用脚踢的。
女：所以你们就有"手足之情"。您对朋友一向是非常非常的慷慨，我想所有跟你熟悉的朋友都曾经获得你的作品。你也经常跟我说，这跟你童年的一次经历有关。
男：我坐在西湖边草地上，有一个老先生，戴着近视眼镜，他走过来看看。因为我颈上有纱布包着，他坐在我边上跟我说，我传一个秘方给你，你吃好了以后还要去传给人家，不能卖钱。我说好。就是把海马烧成灰，用黄酒吞下去。一个礼拜不到，就收口了。从那之后，我开始喜欢把自己的东西拿给朋友分享。

21．男的最喜欢什么运动？
22．当得知徐教练输了9个球后，男的送给他什么礼物？
23．男的什么时候给徐教练写信？
24．男的从徐教练身上学到了什么？
25．男的对待朋友是什么态度？

第26到30题是根据下面一段采访：

男：您以前做主持人，现在自己做老板，感觉哪种角色您更喜欢？

女：我都喜欢，因为都是我喜欢的事，如果只是为了赚钱做一个公司，我完全不需要做现在的事情，因为开公司意味着要冒很大的风险，而且这样的市场是属于开拓性的，面临很多的困难，做主持人也好，做文化公司也好，都是因为我喜欢做这件事。我喜欢做专题性的、文化性的人文谈话节目。

男：女主持人非常多，但是女老板非常少，这是不是意味着对于一个女人来说，做老板比做主持人要困难？

女：我觉得每个人有不同的天分，目前对于我来说当然是做主持人容易一点，因为毕竟做了11年了，不管怎么说，有一定的经验。做公司对于我来说是一个新的挑战，而且我们是香港的一家上市公司，不仅在商业运作方面，法律的程序上也有很多需要学习的东西。有时候挑战意味着你能够有更大的提高，过去一年中我学到的东西比过去几年中加起来还多。

男：对于贵台的几位主播，您能否评价一下？

女：我们做同事做了两年，我觉得我们的主持人在专业上做得非常好，因为我也曾经是他们中的一员，在这里工作的这几年，我对于主持人的专业精神和刻苦精神是深有体会的，也非常尊敬、佩服他们。

男：您还会不会主持节目？

女：我今年6月份会重新推出我的访谈节目，是一对一的访谈。我也刚去美国做了几个访问，在内地也做了一系列的访问。我希望在6月份推出来的时候，观众能肯定。

26．女的以前是做什么工作的？
27．女的比较喜欢做什么样的节目？
28．女的觉得这家电视台的主播怎么样？
29．女的在这家电视台工作过多长时间？
30．女的近期有什么举动？

第三部分

第31到50题，请选出正确答案。现在开始第31到33题：

第31到33题是根据下面一段话：

　　假期回家，年近花甲的母亲非常高兴，一定要上街买点菜去。于是我陪母亲一起去菜市场买菜。

　　到菜市场要横穿一条马路。现在刚好是下班时间，大街上车来车往，年龄大了，母亲的双腿显得很不灵活。

　　眼看着马路对面就是菜市场了，这时走在前面的母亲突然不走了，她左手挎着菜篮，右手向我伸来……

　　这是多么熟悉的动作呀！刹那间好像又回到了多年前。上小学时，我每天都要过一条马路才能到学校。那时母亲在包装厂上班。她担心我出事，每天都要送我，一直把我送过马路才又回去上班。穿马路时，她总是向我伸出右手，拉着我的小手走到马路对面。

31．母亲看到我回家，心情怎么样？
32．我上小学的时候是怎么去学校的？
33．过马路的时候，母亲停下来要干什么？

第34到36题是根据下面一段话：

　　从08年10月11日起，北京市机动车开始试行按车牌尾号每周停驶一天的交通管理新措施。交管部门推出10项措施，以方便单位和市民在遵守限行规定时能方便出行。

　　奥运会后，机动车排放的尾气是北京大气污染中最主要的污染源之一。奥运期间实行"单双号"限行与老旧黄标车禁行，北京每天停驶近200万辆机动车，削减了机动车污染物近12万吨。

　　此次开始试行的交通管理新规定持续到2009年4月10日，限行范围为五环路以内道路（含五环路），限行时间为6时至21时。凡停驶的机动车减征一个月养路费和车船税。新交通管理措施实施后，北京每天停驶车辆近80万辆，预计五环路以内道路交通流量将下降6.5%以上。

34．奥运会后，新的限行规定由什么决定？
35．奥运会期间每天停驶多少辆机动车？
36．按照新的规定，每天的限行时间为多久？

第 37 到 39 题是根据下面一段话：

每年 3、4 月份，西双版纳地区大多数水果尚未上市，而早熟的羊奶果却已匆匆地进入人们的眼帘。

羊奶果主要产自亚洲热带，越南、马来西亚、印度及中国云南、广西南部均有分布。羊奶果的果实营养丰富，多汁无毒，可鲜食也可加工成果汁、汽水、罐头等食品。由于其果实成熟较早，可抢占水果淡季市场，同时成为食品工业原料的新品种。

羊奶果通常生长于山地杂木林内，有时生长在三角枫或麻栎等树上，形成树上生树的奇特景象。

37．每年什么时候可以尝到新鲜的羊奶果？
38．羊奶果主要产自哪里？
39．羊奶果通常生长在什么地方？

第 40 到 42 题是根据下面一段话：

22 位学生中有 18 名被 14 家东莞台企带回工厂实习，同行另外 4 位分赴珠海、中山，他们相约 8 月 29 日结业时上交不少于 1 万字的总结。

从机场去东莞的路上，学生们迫不及待举起相机，记录下沿线风光。这是继去年之后东莞第二次接受台湾大学生实习。但金融风暴的影响，使得去年 43 人的阵容缩减至今年的 18 人。名额变得珍贵，反而让东莞的吸引力更强。

虽然来东莞实习人数缩水了，但是企业对学生的待遇依然优厚。在不到一个半月里，接受学生实习的企业将为之提供 5000 元的薪水，其中包括往返机票的钱。如果学生工作出色，还能获得奖金。

在短暂的仪式之后，这群西装革履的台湾大学生就被工厂领到相应的部门，开始一个半月的实习活动。学生们对即将开始的实习生活满怀憧憬。

40．此次 22 名台湾大学生没有到哪个地方实习？
41．去年来东莞实习的台湾大学生有多少人？
42．学生们对这次实习是什么态度？

第43到46题是根据下面一段话：

　　今年55岁的罗女士在放牧途中突遇黑熊，危急关头，她家养的5头水牛奋不顾身勇救主人。经医生检查，她的伤并不重，但受到了惊吓，情绪上有些不稳定。

　　那天，她赶着牛、羊、猪到后山去放养。下午3点半，准备回家时，树林中突然蹿出了一只大黑熊。

　　还没等她细看，黑熊就"嗷"的一声大叫，抬起爪子就朝她的头上打了过来，她一下就被打翻在地。倒地后，用手一摸耳朵都是湿的。出于求生的本能，她一边缩在地上向后退，一边大喊救命，尽管这样，黑熊还是抓伤了她的右腿。

　　当时就她一个人在山坡上，就在她以为要死在熊口之中时，她家圈养了几年、正在一旁吃草的5头水牛突然冲了过来，并一起用牛角向袭击主人的黑熊发起攻击。黑熊遭到夹击，只得回过身来与水牛战斗。面对黑熊，5头水牛一心护主并没有退缩，其中一头大水牛还重重地顶了黑熊一下。撞痛后的黑熊无心再战，边吼边跑回了树林。

　　43．被熊袭击的农妇伤得怎么样？
　　44．农妇什么时候遇到大黑熊？
　　45．当求救无人应时，农妇是什么心情？
　　46．最后是谁救了农妇？

第47到50题是根据下面一段话：

　　很多人都会好奇，很想知道未来人类会是什么样子，是进化了，还是退化了？有的人认为人类最终会进化成超级人种，有的人则认为最后会退化成只会看电视、不会思考的人。科学家最新的研究结果告诉我们，上面的两种观点都不对，人类的进化过程已经处于停顿状态，既不会进化，也不会退化。

　　出现这种情况，主要是因为促进人类进化的动力已经不在人类生活中占有重要地位。人类在地球上生存了100万年，未来人类的样子也会和现代人差不多，不会有多大改变。

　　人类进化的主要动力来自自然选择和基因突变。基因突变的目的是使某些个体具有比其对手更具竞争力的特质。在人类历史的大多数时段内，生存一直是项艰难的课题。儿童在成年前的死亡率非常高。由于生活环境的恶劣，人类只有奋力生存下来，这使得自然选择成为强大的进化动力。例如，在冰河世纪的英国，如果基因突变使一个婴儿在面对严寒和自然灾害时恢复能力更强，毫无疑问他会更具生存竞争力，也更有可能活下来并将此基因传给子孙后代。然而在现代社会，我们有中央空调系统，食物充足，类似的基因突变对现在的孩子就远没有那么重要了。

　　47．这段文字提到，很多人想知道什么？
　　48．最新研究显示，人类未来将如何发展？
　　49．人类进化中主要的动力是什么？
　　50．在人类发展的大多数时间里，什么是最艰难的？

　　听力考试现在结束。

新汉语水平考试
HSK（六级）

卷 五

注　意

一、HSK（六级）分三部分：

   1. 听力（50题，约35分钟）

   2. 阅读（50题，50分钟）

   3. 书写（1题，45分钟）

二、听力结束后，有5分钟填写答题卡。

三、全部考试约140分钟（含考生填写个人信息时间5分钟）。

一、听 力

第一部分

第1-15题：请选出与所听内容一致的一项。

1. A 朋友的态度很好
   B 朋友的态度不好
   C 卖报人的态度很好
   D 卖报人是朋友的亲戚

2. A 野餐起源于欧洲
   B 野餐时不能喝酒
   C 野餐是家庭活动
   D 野餐只是为吃东西

3. A 啤酒节只有啤酒
   B 啤酒节以前没有
   C 啤酒节不面向市民
   D 啤酒节的活动很多

4. A 入座时间随意
   B 入座时可背对让座者
   C 看电影要注意礼貌
   D 入座时应面对屏幕

5. A 小鱼会跳舞
   B 小鱼会演奏音乐
   C 小鱼很喜欢听音乐
   D 小鱼两岁开始接受训练

6. A 莫斯科没有大商场
   B 莫斯科人都爱逛大商场
   C 平民的购物街更受欢迎
   D 大商场只出售高档商品

7. A 6月有玫瑰节
   B 玫瑰节为期一周
   C 只有6月能采玫瑰
   D 每个星期天举办玫瑰节

8. A 这本书附送围巾
   B 这本书内容很全
   C 这本书是关于编织的
   D 这本书是关于围巾的

9. A 今年是2010年
   B 他出生在加拿大
   C 他首次举办音乐会
   D 他想改变自己的生活

10. A 做事要细心
    B 做事要讲究速度
    C 做事要想到后果
    D 做事要遵循规律

11. A 吃水果有助改善肤色
    B 人们不喜欢黑色的皮肤
    C 古铜色的肤色一定是晒的
    D 只有吃水果才会改变肤色

12. A 丹麦不能钓鱼
    B 丹麦人钓鱼有规定
    C 丹麦的海里没有鱼
    D 丹麦人都喜欢钓鱼

13. A 爱心教室每天开课
    B 爱心教室面向中学生
    C 爱心教室由大学生主办
    D 爱心教室的老师是中学生

14. A 楚国在北方
    B 他要走到楚国
    C 他走错了方向
    D 旁边的人也要去楚国

15. A "威利"参加了比赛
    B "威利"是一只狮子
    C "威利"是英格兰人设计的
    D "威利"是世界杯比赛的吉祥物

第二部分

第16-30题：请选出正确答案。

16. A 无所谓
    B 媒体力量很强
    C 应该说出真相
    D 怪妈妈不相信自己

17. A 是他的愿望
    B 爸妈是理工科
    C 他的成绩很好
    D 他爱好修电器

18. A 演员
    B 医生
    C 歌手
    D 工程师

19. A 一年
    B 三年
    C 十年
    D 没接触过

20. A 修电器
    B 写剧本
    C 拍电影
    D 休息半年

21. A 她喜欢旅行
    B 孩子不在身边
    C 跟丈夫在一个公司
    D 和丈夫做同样的工作

22. A 一个
    B 两个
    C 三个
    D 四个

23. A 相夫教子
    B 努力工作
    C 协助丈夫
    D 忙于学习

24. A 女的
    B 丈夫
    C 保姆
    D 孩子的奶奶

25. A 优越的条件
    B 父母的宠爱
    C 融洽的关系
    D 良好的习惯

26. A 用力挤
    B 看准时机
    C 让别人先上
    D 用手拉别人

27. A 管理员
    B 公交司机
    C 交通协调员
    D 公交售票员

- 125 -

28. A 和乘客吵架
    B 下车后挤不上车
    C 捡到乘客的钱包
    D 和司机发生摩擦

29. A 会卖票
    B 会看人
    C 记性好
    D 会卡门上车

30. A 看人很准
    B 很爱说话
    C 眼睛很亮
    D 走路很快

第三部分

第31-50题：请选出正确答案。

31. A 2008年
    B 2009年
    C 2010年
    D 2012年

32. A 10层楼高
    B 十几层楼高
    C 50层楼高
    D 与世界最高的楼一样高

33. A 提高了该市影响力
    B 吸引更多人来参观
    C 为市民提供休息场所
    D 增添该市的美学效果

34. A 从不结果
    B 没有枝丫
    C 不长叶子
    D 就一棵树

35. A 海洋沿岸
    B 冰冷地区
    C 温带湿热地区
    D 热带沙漠地区

36. A 叶
    B 根
    C 果实
    D 树干和枝

37. A 帮助职员充电
    B 帮助职员积累知识
    C 帮助职员识别假钱
    D 告诉职员如何放松

38. A 真钱
    B 假钱
    C 纸币
    D 玩具币

39. A 有失败就有成功
    B 成功者不能失败
    C 成功不一定要经历失败
    D 只有经历过失败才能成功

40. A 统一票价
    B 分时段计价
    C 各线路价格不同
    D 免费乘坐一次

41. A 更便宜的票
    B 价格不一的新票
    C 有纪念价值的票
    D 一日内不限次数随意换乘的票

42. A 周票
    B 当日票
    C 三日票
    D 以上三种都有

43. A 设计简单
    B 价格便宜
    C 小巧灵便
    D 外观时尚

44. A 做家教
    B 设计玩具
    C 玩音乐
    D 在苹果园打工

45. A 学校教室
    B 废弃车库
    C 音乐俱乐部
    D 父母的房子

46. A 他们喜欢苹果
    B 他们曾住在苹果园
    C 觉得"苹果"好听
    D 为纪念半工半读的日子

47. A 装饰精美
    B 服务一般
    C 非常简陋
    D 非常舒适

48. A 没有服务员
    B 服务员不认真
    C 坐了很久没人招呼
    D 老板娘对客人冷淡

49. A 店里不提供茶水
    B 店里的东西非常贵
    C 在店里坐坐不用付钱
    D 店里的东西全部免费

50. A 被赶走
    B 特殊的服务
    C 时光补偿费
    D 精美的礼物

二、阅 读

第一部分

第 51-60 题：请选出有语病的一项。

51. A 门刚打开，就听见一次嘈杂声。
    B 人活在这世上，无非求个安身之所罢了。
    C 喝咖啡时，依个人喜好，加盐或糖调味皆可。
    D 生意没有想象中的好，人流量少了很多。

52. A 她的角色比较简单，不需要太多的心理刻画。
    B 她很有资格入围，可是名单上却找不到她的名字。
    C 今年的傣族泼水节，终于圆了我的梦里，进入了金平这片神秘的土地。
    D 与澳洲第一大城市悉尼相比，墨尔本有其独特的风格。

53. A 由于你的脑袋里有很多液体，所以它可以充当一个不错的导体。
    B 优良的遗传基因，使她在 16 岁时身高就已经高达 1.86 米。
    C 对于空间宽度或长度比较小的家庭来说，照片可以淡化墙的封堵性。
    D 终于看到了自己的偶像，他显得特别激动极了。

54. A 看到家人爱喝我煲的汤，我特别有成就感。
    B 良好的工作关系建立在信任与相互尊重的基础上。
    C 下飞机时，外国记者一群上来，不断地拍着照片。
    D 红绿灯时间太长，并且路上又没有过街天桥，我只好冒险穿马路了。

55. A 生活是琐碎，当然，维持日常生活的各项开支也是琐碎的。
    B 我父母都是知识分子，他们开明的教育使我形成了开朗活泼的性格。
    C 澳洲一般的火车都只有 8 到 9 节车厢，其中一半是卧铺。
    D 有了卫星地图，你可以很容易找到你喜欢的热门景点，节省旅游的时间。

56. A 世博会"中国形象大使大赛"是中国馆系列活动的重要组成部分。
    B 滴用两种眼药水的间隔时间应至少在 5 分钟以上。
    C 老师在上课时看到一个男生在看漫画，于是叫他起来站。
    D 孩子越来越封闭，别说唱歌、跳舞，就连说话都很少。

57. A 根据制作会议所得到的资料，作家开始编写剧本。
    B 前三十年，我在大学念书，常常去台北监狱探访受刑人。
    C 照片墙的流行反映了当前人们的心理想法，渴望温暖的回忆。
    D 起初人们都以为是由于车太多堵车，后来才发现是一辆大客车在路中央停着。

58. A 有些房主无须不工作,仅靠租房就能满足生活所需,甚至能购买更高档的住宅。
    B 耳机产品比较容易表现中音的细节,虽然质量很差,但基本上也能听清楚。
    C 从床头顶部直射下来的灯光虽然明亮,但会阻碍人体褪黑激素的分泌,从而影响入睡。
    D 创作是把内心的事变成音乐说出来,有强烈的主观意识,要求作者有条理地表达内心的东西。

59. A 人一生中总离不开衣食住行四大支出,而这也是普通家庭最基本的生活支出。
    B 她身穿简单的白色衬衫,下身搭配浅黄碎花棉布长裙,脚上是一双秀气好走的凉鞋。
    C 你一旦找到了工作,未来的成功就取决于你能否与企业内上上下下的人发展良好的工作关系。
    D 不知不觉中,他已经长成了一个十分文质彬彬的小伙子,家庭的破裂并没有影响他。

60. A 中国象棋、国际象棋、桥牌、围棋、国际跳棋,全是智力的较量,来不得半点虚的。
    B 房子给人一种稳定的感觉,有了自己的房子,才感觉在社会上真正有了一个属于自己的家。
    C 眼药水开启后,一般三个月就应丢弃,特别是不含防腐剂或特殊成分的眼药,一般应在一个月内使用完毕了。
    D 手机买来时,包装盒里可能会带有一包干燥剂,以避免运送和储存的过程中手机电路受潮。

第二部分

第61-70题：选词填空。

61. 如果你晕机，_____要避免坐在飞机机舱后方。离中部越远，颠簸得越_____。而且，飞机的后部一般比前部长，因此机舱后方是最颠簸的_____。

 A 万一　利索　背景　　　　B 一定　稳定　场地
 C 千万　厉害　地方　　　　D 肯定　无害　场所

62. 在改版之初，记者就_____为了配合整体的改版思路，这档"杂志型"新闻调查节目将会退出该频道。记者昨日在电视台网站的节目变更中看到_____的变更_____。

 A 知道　关于　说法　　　　B 得知　相关　通知
 C 获得　有关　消息　　　　D 熟悉　相对　说明

63. 据说，一向低调的阿菲不想为生日大搞庆祝，但老公却坚持要热闹，而她的好姐妹们也_____举行生日派对，让一_____昔日好友聚头，最后她敌不过众人的坚持，_____同意。

 A 主张　班　只好　　　　　B 要求　个　只有
 C 主办　群　当好　　　　　D 张罗　堆　只能

64. 洗手池一般都在抽水马桶_____。微生物教授恰克_____，抽水马桶上每平方厘米有49.6万个细菌，冲马桶时，_____细菌可以被冲到30厘米远，污染你的牙刷。所以，_____把牙刷放在卫生间带门的橱柜里。

 A 边上　指导　一些　应该
 B 周围　道出　那些　恰好
 C 旁边　指出　这些　最好
 D 附近　说出　很多　不好

65. _____全球金融危机对我们个人收入和小家庭的影响，现在_____还不大，但现在物价真的很高，房价也_____在涨，小孩的教育费用特别高，医疗费也很贵，生活中_____都要花钱，如果想要过得更舒服一些还是有点难度。

 A 即使　看来　一起　里里外外
 B 尽管　来说　一次　哪里哪里
 C 不管　看看　一路　时时刻刻
 D 虽然　来看　一直　时时处处

- 131 -

66. 西段铁路，要经过很多高山，要在人们_____毫无可能的地方打通几十座隧道、架几十座桥梁，无论是气候、地理_____社会环境，都远远比东部工程要艰难许多，所以一般工人_____不愿来，要么来了消极怠工。劳动力问题_____让他们面临绝境。

    A 认为　还是　要么　一度
    B 以为　就是　要不　曾经
    C 知道　只是　要就　一次
    D 作为　或者　要是　一直

67. 我们常因某些人的一些事或话而感动，_____是因为我们身上缺少像他们一样的东西，_____他们做出了我们想做的事。_____我们并不比他们差。所有的口舌之争，也仅仅是动物捍卫自己领地的_____而已，没有谁对谁错。

    A 只是　要是　实际　能力
    B 仅仅　或者　其实　本能
    C 单单　也许　其中　本事
    D 不过　或许　真实　本领

68. 设计师表示，用黑白照片_____居室，会带来一种怀旧感，形成视觉冲击力。_____是在当前居室装饰色彩丰富的背景_____，黑白照片反而会因其简单的色调而更_____，这也是当前最为流行的装饰手法之一。

    A 分布　尤其　里　丰富多彩
    B 装修　非常　上　一举两得
    C 布置　特别　下　引人注目
    D 设置　不过　中　有条不紊

69. "干谷"地处南极的内陆地区，两百多万年_____，这里没降过水。它形成的原因_____"焚风"，当"焚风"_____，冰雪很快升华变成水汽，并_____风带走。除了几块陡峭的巨石上有冰雪外，"干谷"这里的地面都是暴露在外的，是南极大陆_____没有被冰雪覆盖的地方。

    A 以来　在于　掠过　被　唯一
    B 以前　由于　飞过　把　仅有
    C 从来　在乎　吹过　让　唯一
    D 下来　出于　刮过　给　一直

70. 当你爱上一个人，你会有种很亲切的_____，跟他在一起，你会觉得很舒服。你可以信任并_____他。他像是一个亲密的家人，甚至可以_____，比一个家人更亲密，这就是爱的感觉。在爱情当中，他愿意原谅你所有的_____。

    A 感受　靠着　用　优点
    B 觉得　依靠　讲　问题
    C 感觉　依赖　说　缺点
    D 直觉　依据　称　不对

第三部分

第71-80题：选句填空。

71-75.

有一位穷困的青年画家，住在一间小屋里，靠画人像为生。

某天，有个富人经过那里，看他的画工细致，（71）_____。双方约好酬劳是一万元，两人还签了合同。

在约定时间内，富人到年轻画家那里取画。富人看他年轻又未成名，（72）_____。他想：反正画中的人像是他，他不买的话，应该没有人想买，那他干嘛还花那么多钱来买呢？

于是富人说，他只愿意花三千元买这幅画。青年画家没想到他会这样，据理力争，（73）_____。

"我只能花三千元买这幅画，你也别多说什么了。"富人说，"我最后再问你一次，三千元，卖不卖？"青年画家知道富人故意想少给钱，心中非常地生气，但他还是坚定地说："不卖！我宁可不卖这幅画，也不愿被你侮辱。（74）_____！"富人悻悻地离去了。

这件事之后，画家离开了这个地方。他重新拜师学艺，十几年后，终于闯出了一片天地，成为一位在艺术界知名的人物。

一天，富人的几个朋友无意中和他谈起一件事。他们去参观一位成名艺术家的画展，其中有一幅画标价十万，画中的人物跟富人长得一模一样。而且这幅画的标题竟然是"贼"！

富人也很奇怪，（75）_____，不一会儿，他突然想起了那幅他没买的画像……

最后，富人不得不找到那位画家，花十万元买回了自己的画像。

A 便请他画一幅人像

B 要求富人遵守约定

C 不肯按照原先的约定付钱

D 不明白天下怎么会有这么巧的事

E 将来我一定会让你为今天的失信付出代价

76-80.

我的工作主要是负责文字，同时还兼着内勤。所以当别人在看报时，我往往正趴在桌上写着公文。至于报纸，就常常在下班后带回家读。

我的同事老王明天就退休回家了，今天我请他喝酒。三杯酒过后，（76）_____。

"昨天的晚报你拿回家看，今早拿回办公室了没有？"

"没有。"我不在意地回答。

老王摇了摇头，想说什么，（77）_____。他说，老汉的使命已经光荣完成了，小老弟给个客观评价吧！

我还挺为难的。老实说，（78）_____。说他行，可他在机关干了一辈子也没弄上个什么"长"，到老才混个"处调员"。说他不行，可他对机关里的事都清楚。

"您是个高手啊，听说当年您还是机关里的一支笔……"我斟酌后还是选择了别的话题。

他红红的脸上绽开了花："哈哈，你也听说过！（79）_____。"

"可是，我听说某局局长是您的同学，某委主任和您同时进的机关，请原谅我说话直接，您混得……呵呵。"

他点头表示同意。

最后一杯酒干罢，从酒馆出来，握手互道珍重！突然，我记起酒喝得很高兴时老王郑重提到的有关报纸的事，（80）_____。

他摆摆手，说没什么，又从口袋里掏出了一张收据，塞到我手里说："上午去邮局，替你订了份'晚报'，算是个纪念吧。"

这个纪念品可真够特别的！

A 却转移了话题

B 便向老王问个究竟

C 好汉不提当年勇

D 老王这个人还真是不好评价

E 他突然问起报纸的事

第四部分

第81-100题：请选出正确答案。

81-84.

5月21日下午，早稻田大学中央图书馆的入口处突然竖起一块"禁止入内"的牌子。在同一时间，图书馆内开始反复播放"所有学生请迅速离馆"的通知。因截至中午11时，校内感染麻疹的人数达到了30人，所以校方决定立刻停课封校。

今年三四月间麻疹就已流行。4月时，相关部门发出了"紧急通告"，但并没有引起人们的重视。于是，进入5月，麻疹在全国的病例迅速攀升到689例。在该校封校之前，已经有6所学校作出停课封校决定。从天而降的假期打破了学校的正常秩序，所有的社团也被明令禁止活动。

日本时常遭受地震、海啸的威胁。这次的麻疹，是自禽流感和感染性肠胃炎之后，日本一年内第三次遭遇全国范围的感染性疾病。

在麻疹流行的日子里，日本的卫生部门每星期都会发布全国麻疹感染人数，让每个国民及时掌握麻疹流行的情况。

除此之外，有关专家或通过媒体，或通过发邮件的方式，告诉市民和学生，只要是注射过两次疫苗的人是不会感染的。对于自己是否注射过并不清楚的市民可以直接去当地的健康中心找保健医生免费咨询。

81. 图书馆禁止入内，因为：
    A 要新进图书　　　　　　　　B 馆内藏书遗失
    C 图书馆要重修　　　　　　　D 准备停课封校

82. 到5月中旬，麻疹已经出现多长时间了？
    A 一星期　　　　　　　　　　B 十几天
    C 一个多月　　　　　　　　　D 两个多月

83. 这是今年日本第几次遭遇全国范围的感染性疾病？
    A 第一次　　　　　　　　　　B 第二次
    C 第三次　　　　　　　　　　D 第四次

84. 什么样的人不会感染麻疹？
    A 年纪大的人　　　　　　　　B 刚出生的孩子
    C 注射过一次疫苗的人　　　　D 注射过两次疫苗的人

85-88.

最近我无意中听到了一首令人动容的歌曲,我从来没有听过这么绝望的歌曲,只听两句就喜欢上了。这首名叫《黑色星期天》的外文歌曲,据说问世73年来,先后有100多位听众听后,不能控制自己而自杀,听后精神混乱的更是无法计算,其中也包括一些中国人。因此,有人将其命名为"魔鬼的邀请书"。

这首歌是匈牙利一位钢琴手于1932年在法国创作的,当时他正处在失恋的悲伤中。歌中描述了一个男人因为爱人离开人世而在一个星期天生出自杀的念头,这个念头随着思念的加深而越来越强烈,无法消除。这首歌原本只是一首钢琴曲,后来有人为它填了词。

其实,用科学的眼光分析,关于这首歌的传闻显得有点夸张。一个人如果决意离开人世,肯定有一些他认为一定要这样做的原因,有的人本来就对这个世界厌烦了,有的人不能忍受生活之苦而不愿再受折磨,有的人甚至是为情而死的。也就是说,歌曲本身是没有罪的,只能算是提供了点儿帮助,而人们却将它的罪夸大了,认为它就是"主犯"。随着人们口口相传,歌曲的神秘感日益增强,于是在后人眼里,好像真有这么一张"魔鬼的邀请书"。

尽管我不相信音乐能杀人,但音乐能左右人的情绪是毫无疑问的。

85. 有人把这首歌称为"魔鬼的邀请书"是因为:
   A 很多人听后自杀　　　　B 觉得很有意思
   C 作者有"魔鬼"的称号　　D 歌曲写的是死去的人

86. 这首歌是作者在什么情况下创作的?
   A 毕业　　　　　　　　　B 失恋
   C 失业　　　　　　　　　D 被误解

87. 对于这首歌的传闻,作者觉得:
   A 很正确　　　　　　　　B 不真实
   C 有些夸大　　　　　　　D 非常好笑

88. 作者觉得音乐对人有什么影响?
   A 可以杀人　　　　　　　B 提高修养
   C 创造财富　　　　　　　D 影响情绪

89-92.

关于上海市老年人图书阅读和消费状况的抽样调查显示，以阅读为主线来丰富业余生活的老年人，男性多于女性。70岁到80岁年龄层的读者最多，占总数的50%，并向两头递减。这部分读者一般都有大量的空闲时间，对社会发展保持一定的关注度，希望通过阅读来提高生活质量、丰富业余生活。而70岁以下的老年人还有相当一部分人仍在继续从事某种工作，阅读比例没有想象中的高。

从退休收入来看，被调查者中退休月收入达到2000元到2500元的占62%，2000元以下的占24%，2500元以上的占14%。这说明上海城市社会福利体系比较完善，喜欢阅读的老年人拥有比较坚实的物质基础和生活保证，具备一定的图书购买力。

80%以上的老年人每年通过订阅相对价廉的报纸杂志来了解国内外时事、科技新知识、文化新动态。大部分老人表示，只在必要时才会购买图书。大概有30%的老年读者有不定期去书店购书的习惯，图书价格和自己的承受能力是决定老年人购买选择的因素。

大多数老年读者还是认为图书馆是阅读书籍最好的去处，而一些具有较高信誉度和可信度的报亭和小区附近的新华书店，是买书购刊的首选。大多数老年读者对于网络购物显示了不信任，喜欢上网的老年读者主要是看新闻、看电影和玩游戏。

老年人对阅读的要求、意见最集中的是：报纸、杂志、图书的字号太小，最好选择5号字以上，行间距要宽于一般出版物，版式简明宽松即可，不需要很繁杂的编排风格。

可以预测，在上海进入老龄化城市之际，老年读者将成为纸质出版物消费的重要组成部分。

89. 调查问卷主要是想了解老年人的：
    A 个人喜好   B 购买力
    C 选书标准   D 阅读状况

90. 从退休收入可看出，上海：
    A 市民都很有钱   B 图书市场潜力大
    C 社会福利较好   D 老年人很会赚钱

91. 老年人通常会去哪里阅读？
    A 家里   B 公园
    C 图书馆   D 新华书店

92. 老年人对阅读提出的要求，最多的是哪一点？
    A 价格太贵   B 版面不适合
    C 编得太复杂   D 内容太简单

93-96.

不久前，女儿的一双新皮鞋晒在门口，不知被哪个没有道德的人用刀片划了一个长长的口子，那是我们花了两百多元买的新鞋，才穿没几天就不能再穿了，女儿伤心得哭起来。没办法，我把鞋子拿到小区门口的修鞋店，小学徒看了一眼说："没办法，除非换皮换帮。"老师傅接过来看了看，说："如果你信得过我，我就在皮鞋上再多划几道口子，两只鞋子上都划上。"我不明白为什么要这样。老师傅说："这样看起来两鞋就对称了，会显得别具一格，同时还不影响穿着。"我还是不太理解，反正死马当活马医吧，放下鞋就回去了。第二天我去取鞋，一眼就看到那双鞋，鞋子上果然又划了五六道伤痕，用红色的软皮补好，四周用的是粗针大线的细麻绳，针脚故意歪歪扭扭，显得质朴粗犷，一双鞋看上去比先前更引人注目，更有个性。我连声夸道："师傅手艺真棒。"

有一天我妹妹拿出一件衬衫给我们看，那是一件白衬衫，背上被撕出一个大口子，她惋惜地说："一百多块钱买的，才穿了三天就不能再穿了。"老婆接过来左看右看，说："我拿回家帮你补补看。"结果三天后，再次看到那件衬衫时，我惊呆了：所有不规则的裂痕和口子全被小心地用细细的白丝线缝合，呈树枝状，看起来好比北方冬天树枝上的冰花，美极了。一件原来不能穿的衬衫，现在变得比原先更完美更独特。我直夸她手艺好。老婆说："都是那个做皮鞋的老师傅给的启发。"

的确，世界上万事万物不可能都十全十美，这也不符合规律。伤口既已存在就无法回避，你唯一能做的，就是用补丁缝合伤口，并且努力在"伤口"上开出最美丽的花朵，生命的意义就显现在这里。

93．女儿的皮鞋是怎么弄破的？
　　A 被石头磕到了　　　　B 被轮胎夹破了
　　C 被同学踩破了　　　　D 被陌生人划了

94．从文章可知，老师傅的修鞋手艺：
　　A 非常棒　　　　　　　B 很一般
　　C 不太好　　　　　　　D 还凑合

95．文章第1段的"死马当活马医"是指：
　　A 马死了还要治　　　　B 做最后的尝试
　　C 一定坚持到底　　　　D 相信马不会死

96．我对妻子补完的衬衣有何评价？
　　A 比原来更破　　　　　B 比原来更难看
　　C 比原来更完美　　　　D 跟原来一样好看

97-100.

李大爷吃面的时候很慢很慢,他一根一根地吃,一碗面条吃了 40 分钟。李大爷生于 1904 年,是他们村少有的百岁老人。李大爷觉得自己一生运气很好,他外婆是个医生,八岁那年,外婆送他去上学,一共读了五年书,然后,回家放牛、放羊。后来,他又去小学读了一年书,一共读了 6 年"四书五经"。

他 19 岁开始在当地当小学老师。22 岁时,他离开学校去乡里当书记员,管理户籍。1937 年 7 月卢沟桥事变后,李大爷放弃安逸平静的生活,到四川重庆的军官总队当了一名少尉文书。他爱好书法,对自己写的字很是得意。

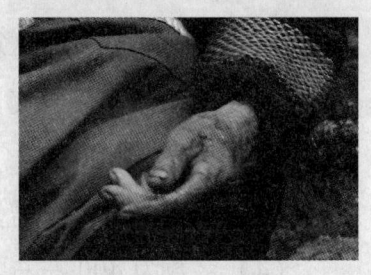

1940 年,在重庆有个军官训练营,专门训练团长和上校以上军衔的军官,一年训练三期,每期二三百人。他在参加了训练营后调到军政部当中尉军官。1942 年,又到远征军二百师参谋处当了一名上尉书记员。他始终在前线,一直到战争胜利。也许是老天眷顾,出生入死这么多次的他却始终没有受太大的伤,在战争中顽强地活了下来。

97．李大爷年纪大概多大？
　　A 50 岁　　　　　B 66 岁
　　C 80 岁　　　　　D 100 岁

98．李大爷小时候上学,学的教材是：
　　A 佛经　　　　　B 外国文学
　　C 儒家经典　　　D 地理科学

99．李大爷参军当文书时,对自己哪方面非常满意？
　　A 长相　　　　　B 书法
　　C 聪明才智　　　D 工作成绩

100．1940 年在重庆有个军官训练营,每年大概要训练多少人？
　　A 二三百人　　　B 四五百人
　　C 七八百人　　　D 九百多人

三、书写

第 101 题：缩写。

(1) 仔细阅读下面这篇文章，时间为 10 分钟，阅读时不能抄写、记录。

(2) 10 分钟后，监考收回阅读材料，请你将这篇文章缩写成一篇短文，时间为 35 分钟。

(3) 标题自拟。只需复述文章内容，不需加入自己的观点。

(4) 字数为 400 左右。

(5) 请把作文直接写在答题卡上。

结婚后我们住在北京，父母家离北京只有大约两小时车程，所以一有时间我就回去看他们。

有一年春天，我和先生因为搭一个便车回去，没来得及带洗漱用具。晚上，我找来一支干净的牙刷，准备挤牙膏，没想到父母用的居然还是以前那种"白玉牙膏"，整个牙膏都瘪了还没换，我用力挤了半天才挤出来，往嘴里一刷，不知是什么味儿。我是个对生活非常讲究的人，日常用的东西一定是买最好的，牙膏我使用专门的牌子，每隔一段时间就要换一种口味。市场上有什么新品种我都会买来试试；牙刷也要买手感好的，连刷牙的杯子都是白亮透明的那种。这样想着的时候，因为牙刷有些硬，一不小心我的牙齿就出血了。用妈妈的毛巾洗脸，那已经用了大半年的毛巾，硬硬的，扎得我脸有点疼。我平时用的毛巾二三十元钱一条，特别熨帖，到稍微有些发硬了，我就会换掉做抹布，一条毛巾绝不会使超过一个月。我抱怨妈妈，买的什么牙刷、毛巾啊，我们家又不是没钱。妈妈笑笑，没说什么。

第二天睡到太阳都晒屁股了，我才起床，妈妈早把热好的稀饭端到了桌上。又问中午想吃什么，要给我们做。可我还是想早点回到自己家。

"十一"的时候，妈妈来我们家小住，我给她准备了新毛巾和新牙刷，她都舍不得用，还是坚持要用她带来的旧毛巾。

有一天，一位好几年没见的外地朋友突然要来我们家看我们。我把房间都重新整理打扫了一遍，一看卫生间里挂的旧毛巾，我有些不高兴地说："妈，赶紧把旧毛巾扔掉吧，到时候朋友来咱们家看到了像什么样子？"妈妈没说什么，只是把毛巾收了起来，把我的新毛巾挂在上面，但是她却一直没用。等朋友走后，她又把旧毛巾拿出来了，还说："好好的为什么要扔掉？"我摇摇头，真不知道妈妈是怎么想的。

　　临近年底，单位进行最后一批福利分房，要先交3万元。对于我这种不会存钱、平时都要吃好的用好的的人，哪来的多余钱？那一天，我一筹莫展，背着妈妈小声地和先生商量办法，最后和先生互相埋怨，差点吵了起来。那天晚上我第一次失眠了。

　　第二天妈妈就急着回去了。没想到，当天晚上，妈妈就又回来了。一进门，她就把一大包东西塞到我手里，我不知道是什么东西。妈妈让我自己打开看看，原来是2万块钱。妈妈说："这是我和你爸为你们准备的，知道你们总有用钱的时候，我和你爸老了，不为儿女们存点钱还能干什么呢？"我的眼泪一下就下来了，我想起了妈妈干干的牙膏和硬邦邦的毛巾……

听力材料（卷五）

（音乐，30秒，渐弱）

大家好！欢迎参加HSK（六级）考试。
大家好！欢迎参加HSK（六级）考试。
大家好！欢迎参加HSK（六级）考试。

HSK（六级）听力考试分三部分，共50题。
请大家注意，听力考试现在开始。

第一部分

第1到15题，请选出与所听内容一致的一项。现在开始第1题：

1. 我和朋友买报纸，朋友礼貌地对卖报的人说了声"谢谢"，但对方冷着脸没说话。"这家伙态度很差，是不是？""他每天都是这样。"朋友说。"那你为何还对他那么客气？"朋友答道："为什么要让他决定我的行为？"

2. 野餐诞生于欧洲贵族阶层，已在世界范围内普及，成为一种重要的社交活动。除了食物之外，野餐的目的主要是在优美的自然环境中和好友喝上几杯红酒或干白，放松一下。

3. 第19届"燕京啤酒节"隆重开幕。今年的啤酒节内容丰富多彩，除开幕式、品牌经济论坛、签约仪式、高尔夫球赛等传统项目外，还特意设立市民可以广泛参与的啤酒广场，为市民提供消暑纳凉的好去处。

4. 到电影院看电影，观众应尽早入座。如果自己的座位在中间，应当有礼貌地向已就座者示意，请其让自己通过。通过让座者时要与之正面相对，切勿让自己的臀部正对着人家的脸，这是很失礼的。

5. 一条两岁的小鱼"周周"居然具有惊人的音乐天分。小鱼的主人在一年半以前开始用食物奖励的方式训练"周周"奏乐。现在它能够用嘴牵引钟琴和手铃上的拉绳，演奏单音、和弦和四部和声。

6. 莫斯科的各大商场让人看花眼，可以买到不少的高档商品，但是如果想体验更纯粹的俄罗斯风情、更接近俄罗斯人的生活，平民化的购物大街和跳蚤市场才是爱逛街的女人们的理想地点。

7. 由于此地玫瑰的最佳采摘期在每年的 5 月中旬到 6 月中旬，因此，每年 6 月的第一个星期天，这里都会举办玫瑰节，节日游行会持续 5 天。玫瑰节上会选"玫瑰皇后"，还有玫瑰采摘仪式、歌舞表演和游行等活动。

8. 想要一条属于自己的围巾、披肩吗？那就自己动手吧。本书集合了各种简单可爱的钩针编织品的编织方法，包括披肩、披巾、长围巾、短衫等，并附有钩针编织基础教程！穿上亲手织出的衣物时，很有成就感吧。

9. "自 2002 年 6 月 24 日到加拿大，这是我 8 年来首次举办个人独奏音乐会，算是对自己移民生活的一次总结吧。"这位著名的笛子演奏家在新闻发布会上如是说。

10. "拔苗助长"说的是一个不愿干活的农民非常想让田里的苗长得快一点，于是把苗都拔高了一点，最后的结果是苗都死了。这个故事告诉我们：做什么事都有规律，都不能急躁，否则适得其反，后果不堪设想。

11. 科学家称，只要在一个月内坚持每天吃 5 份水果和蔬菜，就能让苍白的肤色得到很大改善。研究人员还发现，与通过吃大量水果和蔬菜产生的健康肤色相比，人们更喜欢太阳晒成的古铜色。

12. 丹麦人钓鱼要申请执照，要了解法律规定什么鱼不能钓、哪些湖和海域在什么季节不能钓、多小的鱼不能钓……虽然住在海边，但千百年来的经验使这个民族明白，如果一直这样捕捞，海里的鱼终会有穷尽的一天。

13. 提到家教，也许你首先想到的是在校大学生，或是在职名师，但有这么一个教室，每周免费为困难青少年辅导的"老师"们只是年纪轻轻的中学生。这就是"生命缘志愿者协会"举办的"爱心教室"。

14. 有个人，他要去楚国，楚国在南方，他却往北方走。旁边有人告诉他说："你走的方向不对。"这个人说："没事，我的马好，我的路费也多着呢。"旁边的人说："你的马再好，你的路费再多也到不了楚国。"

15. 这是大型体育赛事首次使用吉祥物，也是迄今为止最好的一个。"威利"是一个活泼可爱的卡通狮子造型。因"威利"还产生了许多附带产品并让组委会大赚，更重要的是那届足球比赛，英格兰队赢得了世界杯冠军。

第二部分

第 16 到 30 题，请选出正确答案。现在开始第 16 到 20 题：

第 16 到 20 题是根据下面一段采访：

女：今天请你来讲讲自己的故事。
男：上个礼拜我妈妈去我们家，要出门的时候她就拿胳膊碰我说："儿子，你真结婚了？"我当时真不知道说什么，觉得媒体的力量太大了，它能让一个母亲相信媒体，而不相信自己的儿子。如果我结婚，难道会不跟我的母亲讲吗？如果有一天我结婚了，我会主动告诉大家。
女：到了高中毕业的时候，报考理工院校似乎也成为情理之中的事情。
男：我妈妈是个医生，我爸爸是无线电的工程师，所以应该算是一个理工科的家庭吧。我爸爸有一个小的工作室，全是电子元件、铁这种东西，我是在那样的环境下长大的。
女：那个时候学表演，将来当演员，你父母同意吗？
男：我们家里非常反对。当时我父亲非常生气，觉得将来我可以做一个工程师，觉得儿子背叛了他。我们父子之间有一年没什么接触，回家也不怎么讲话。
女：你跟父亲不说话，就是因为父亲觉得你做了这个决定。
男：因为真的太突然了，我大概 8 岁开始接触无线电，在这条路上走了 10 年，然后那天晚上 12 点突然就拐了一个 90 度的弯儿，我就奔向那条艺术道路了。
女：你当年报的是哈工大哪个专业？
男：是工艺流程吧，比如说汽车表面那种工艺流程。
女：但谁也没有想到在 1993 年，也就是你 22 岁那年，做了一件让人震惊的事情，将激情的摇滚演唱会首次带到了新疆，那时的你如果就此开始踏上演艺之路，或许将会是一条平顺的路，然而内心的不妥协，却又使你做出了另一个选择。
男：我不认为我自己愿意去做一个演员，所以我毕业第一年就选择在家写剧本，在北京呆了一年，然后就没钱生活了。

16. 当妈妈问他有没有结婚时，男的怎么想？
17. 为什么说报理工科院校是情理之中的事？
18. 男的现在主要干什么？
19. 男的接触无线电大概有多长时间？
20. 男的大学毕业以后做什么了？

第21到25题是根据下面一段采访：

男：您工作很忙，又是两个孩子的母亲，那还能给丈夫留出多少时间？
女：给丈夫的时间可能比给孩子多一点，我们两个做同样的工作，出差的时候会一起去，旅行的时候会一起去，但是对孩子来说，我觉得非常内疚。
男：请您介绍一下您的孩子。
女：这纯属私人话题，一个儿子，一个女儿。
男：您现在非常出名，又很有钱，您的先生会不会感到不平衡？
女：我觉得娶一个有名的太太对于一个男人来说不太公平。这个我先生可能比较有体会，比如人家会问"你是杨先生吗"。但是他可能心理也能平衡，因为在香港的时候，人家都叫我吴太太，一报还一报吧。钱的问题，我真的没有觉得给我的生活带来什么变化，因为还处于创业的时期，是大量投资的时期。所以工作工作再工作是我目前的一个状态。
男：家里的事谁管理？
女：他的工作比我花的时间更多一些，所以家里的事情我管得更多一点，孩子的教育，家里的装修或者怎么样，基本上都属于我管辖的范围之内。
男：在您小的时候，您的父母亲是如何对您进行教育的？
女：这个问题太大了，几乎占了我十几年的时间，无法说清楚。独到之处就是老让我干家务，我在家里是独生女儿，他们觉得女儿太懒了，可能嫁不出去，所以有很多固定的家务是我做的。我想他们对我最好的教育就是他们的感情非常融洽，一家三口关系非常紧密。
男：这么说来，这种教育的最大受益者就是您的先生吧？
女：不是不是，现在我在家里不烧饭，有阿姨在烧。

21．女的给丈夫的时间比孩子多，是因为什么？
22．女的有几个孩子？
23．女的目前的状态是什么？
24．家里的事主要是谁来管？
25．父母给女的最好的教育是什么？

第26到30题是根据下面一段采访：

男：李大姐如果要挤车，您挤得过别人吗？

女：我不挤车，就是说我不跟人家挤，我让人家先上，我最后上，因为我是售票员，我卡门卡得好。

男：那是售票员的技术之一，就是不管多挤，你最后都要能上去。

女：那也是一种技能。

男：您给我们讲一讲，大家坐车都用得上，怎么挤呀？

女：我刚参加工作的时候，不会挤车，因为前门上，后门下，那个真的不会挤，那会儿离开师傅，第一天上班，还特别高兴。结果上班后，早高峰那时候车上人特多，我还特热情地下去，卖完票，人下去了，完了就上不来了。我上不来就影响开车。

男：卖票的上不来？

女：我上不去，那车就不能走啊，后来急得我都要掉眼泪了，我就跟后边那个男同志说，您先下来，我上去吧。人家不同意。完了那司机师傅皱着眉头，叫我过去，从司机那儿爬上去。回家之后，我就想，售票员还有一种技能是必须要学的，就是要学会最后能够卡门上车，你保证自己的安全，还要保证乘客的安全。我记得跟那些老师傅学的时候，有将近两个月的时间，浑身夹得青一块儿紫一块儿的，连上床都上不去。你们可能有的时候坐车一看，都看的是面上的东西，看到一个好的售票员，看不到他奉献了多少业余时间。他要去积累，要跟人打交道，要猜测不同人的心理。

男：得看人特准吧？

女：对，反正我们看那些逃票的，特别准。

26．女的怎么跟别人挤车？
27．女的做过哪种工作？
28．女的第一天上班的时候，发生了什么事？
29．一个售票员必须学会的技能是什么？
30．跟人打交道多了，女的练就了什么本事？

第三部分

第 31 到 50 题，请选出正确答案。现在开始第 31 到 33 题：

第 31 到 33 题是根据下面一段话：

世界上迄今最高、最壮观的音乐喷泉于 2009 年正式完工，它将成为当地的又一标志性景观。这座喷泉喷的水柱将高达 490 英尺（约合 149 米），这一高度将接近一座 50 层的大楼，一次喷出的水量将多达 2.2 万加仑。

喷泉位于一个人工湖之上，从人工湖吸水喷入高空后最终又落入湖中，覆盖面相当于两个足球场大小。在音乐声中，灯光会伴随着喷泉的喷射而不断变幻，形成音乐喷泉。

喷泉建成后，估计每年会招来至少 1000 万的国内外游客。迪拜音乐喷泉不仅仅只是一个观光景点，而且还为迪拜市区增添了美学效果。这是一个伟大的建筑奇观，并且将会成为迪拜的又一个旅游胜地，为迪拜带来可观的旅游收入。

31．世界最高的音乐喷泉在哪一年建成？
32．音乐喷泉喷射的水柱有多高？
33．音乐喷泉除了是景点，还有什么作用？

第 34 到 36 题是根据下面一段话：

有一棵树叫"光棍树"，单单名字就很吸引人，不过，更让人感兴趣的还是树木的本身。因为，整棵树真的是看不见一片叶子，碧绿的树干和枝丫都是光溜溜的，的确是"光棍"。

光棍树原产于东非和南非的热带沙漠地区，那里常年太阳高照，严重缺水。为适应恶劣的自然环境，保水抗旱，原来枝繁叶茂的光棍树必须减少水分蒸发，所以它的叶子就渐渐退化了，消失了；没有叶子的光棍树要想继续存活下去，必须用树干和枝丫代替叶子进行光合作用，而绿色是进行光合作用的重要条件，树干和枝理所当然地就变成了绿色。这样，光棍树就在沙漠中顽强地生存了下来。

34．"光棍树"有什么特点？
35．光棍树原产于什么地区？
36．光棍树的光合作用是靠什么来完成的？

第 37 到 39 题是根据下面一段话：

英国银行协会每年都组织一个培训班，目的是帮助银行职员识别假钱。在培训期间，学员们一张假的也没摸过，训练时用的都是真的，上课时讲的都是真钞的特点。专家们解释说，学员们接受训练时摸到的、看到的都是真的，通过反复接触真的，他们的手指、眼睛都习惯了真钱的感觉，以后在工作中，一旦遇到假钱，他们就会感到特别不习惯，虽然他们对假钱的特征一无所知，但潜意识告诉他们："这不是真的！"据统计，接受了这种培训的职员，对假钱的识别能力要强得多。

这种培训方式告诉我们，成功未必都要经历失败，人生完全可以拥有一种不经历失败的成功。

37. 英国银行协会每年组织培训班，目的是什么？
38. 在培训过程中，学员们接触的是什么钱？
39. 这段话主要想告诉我们什么？

第 40 到 42 题是根据下面一段话：

上海的 9 条轨道交通线路覆盖了很多旅游景点，但每次进站都要排队买票，线路价格又不同，给游客带来很大不便。

在今年上海两会期间，市人大代表金先生提交了题为《关于实行轨道交通定额全日通票价的建议》的书面意见。他建议借鉴香港经验，地铁运营商设定一种价格在 20 到 30 元左右的车票，乘客可以持票于 24 小时内在现有的 9 条轨道交通间任意换乘，不限次数。游客和短暂来沪人员只要花 20 到 30 元，就可以在一天内游玩整个上海。

一家公司表示，他们拟推出上海地铁旅游票，目前正在做推出前的前期论证。票种暂定为当日票、三日票、周票，目前正与市旅游等部门就旅游票发售事宜进行协商。

40. 现在乘坐上海的轨道交通，如何收费？
41. 金先生建议设立什么样的票种？
42. 一家公司拟推出上海地铁旅游票，可能有哪些票种？

第43到46题是根据下面一段话：

　　20世纪70年代初，出现了微型电子计算机。它功能齐全、小巧灵便的优点，吸引了一大批爱好电子技术的青少年。当时就有这样两个年仅19岁的"电子迷"。一个是一边在农场苹果园帮忙、一边读大学的乔布，另一个是爱好音乐、喜欢摆弄各种电子乐器的奈克。

　　1974年，他俩参加了一个由爱好者自发组织的亲自动手制作微电脑的俱乐部。他们把乔布父亲的一间废车库充当工作室，先将微处理器试装成一台单极微电脑，然后将它和电视机、键盘连接组合成一套微电脑系统。操作者只需在键盘上按键，电视屏上就会显示出文字和简单的图形。这项成果在俱乐部内受到了欢迎。接着他们又试装了一小批公开出售，没想到一下子就被订购了50台。于是，这两个年轻人便办起了微电脑公司。

　　为纪念乔布在半工半读的岁月里在苹果园里工作，他们便把这种新型的微电脑命名为"苹果II型"。目前，这家公司已发展成为拥有4000多人的企业，世界各地还有许多分公司。

　　43．70年代问世的微型电子计算机有什么优点？
　　44．乔布一边上大学一边还要干什么？
　　45．他们在哪里创立第一个微电脑工作室？
　　46．为什么把新型的电脑称为"苹果II型"？

第47到50题是根据下面一段话：

　　这是一家简约的小茶社，没有豪华的装饰，也没有精美的茶具，甚至很少见到来往穿梭的服务生，却给人一种说不出的舒适。

　　一开始，我觉得这里的服务态度有点儿怠慢，坐了半天，竟然不见有一个服务生招呼，我忙叫来服务生。那是一个十分懂事的女孩，连连向我道歉，并解释说，进来半天，没见我招呼，原本以为我只是坐坐就走，所以没敢打扰。

　　我不仅诧异，忙问道："就坐坐，不点饮品也可以吗？"

　　"当然可以。你如果不想喝点什么的话，我们这里还有免费为您提供的报刊，需要的话我可以拿给你。"服务生微笑着答道。

　　"那我若是想喝点什么呢？"我继续问道。

　　"我们这里的咖啡和茶水收费，您可以任意选择。您若是在这里坐得太久的话，我们还会付给您'时光补偿费'。时间从进店后点了东西的时候开始计算，如果超过1小时，我们就会开始补偿您。"服务生继续回答，仍然是一脸笑容。

　　商家还会给顾客付"时光补偿费"，这还是第一回听说，真是一家特别的小店。

　　47．这家茶社给我什么印象？
　　48．我为什么不满这里的服务？
　　49．听了服务员的解释后，我发现了什么？
　　50．如果在该店待了一个多小时的话，顾客会得到什么？

　　听力考试现在结束。

试题答案及解析

卷 一

一、听力：

第一部分

1. D	2. C	3. D	4. D	5. C
6. A	7. A	8. D	9. C	10. D
11. C	12. A	13. D	14. D	15. A

第二部分

16. A	17. C	18. B	19. A	20. B
21. C	22. A	23. B	24. C	25. D
26. C	27. C	28. B	29. C	30. D

第三部分

31. B	32. D	33. B	34. B	35. C
36. C	37. B	38. C	39. B	40. C
41. C	42. B	43. C	44. B	45. D
46. A	47. B	48. C	49. D	50. C

二、阅读：

第一部分

51. C
"已经"是副词，表示动作、变化完成或达到某种程度，放在动词前面。

52. A
A项应为"使世界进一步了解了中国"。

53. D
"大手大脚"形容花钱、用东西没有节制。"尽管"表示姑且承认某种事实，下文往往有"但是、然而、还是"等表示转折的连词与它呼应。D项的"尽管"应改成"但是"才符合句意。"精湛"是指精深。如：技术精湛。

54. D
"被"用于被动句，引进动作的施事，前面的主语是动作的受事（施动者放在"被"字后）。如：这套书被人借走了一本。D项应该是"给大家带来不少欢乐"。"给"有使对方得到某些东西或某种遭遇的意思。

55. A
"其中"是方位词，指"在里面"。如：气象站一共五个人，其中三个是新来的。"其实"表示所说的是实际情况（承上文，多含转折意）。如：这个问题从表面看似乎很难，其实并不难。A项"其中实"应改为"其实"。

-151-

56. C

"自从"表示时间的起点（指过去）。例如：自从春节以后，我还没见到他。"来到研究院"表示时间，所以 C 项应是"自从来到研究院"。

57. D

"为了"常用在前一分句中表示目的，后一分句表示为了达到目的采取的行动。比如：为了学汉语，很多外国人来到中国。有时可以先说行动，再用"是为了"引出行动的目的。例如：她不吃肉是为了减肥。D 项应该用"为了"。

58. B

"动词+起来"是一个插入语，表示从某一方面估计、判断、考虑，常用的动词有"说"、"看"、"想"、"算"、"论"等。B 项应该是"看起来很轻松"。

59. A

"在……情况下"是固定搭配。"下"表示属于一定范围、情况、条件等。

60. D

"不是……而是"表示并列的选择关系，应改为"而是拖家带口定居在北京"。

第二部分

61. C

"而且"表示进一步，前面往往有"不但、不仅"跟它呼应。"但是"表示转折。"只是"也表示转折，但语气较轻。"无论"表示在任何条件下结果都不会改变。例如：无论他说得对不对，都应该让人把话说完。

62. C

63. D

"细致"指精细周密。如：工作细致。"细分"指详细划分。"详细"指周密完备。例如：道理讲得很详细。在题中"细分"最符合题意。"另外"表示在所说的范围之外。例如：我另外又补充了几点意见。"投入"形容做事情聚精会神，全力以赴。例如：她演戏很投入。

64. C

"获悉"是指得到消息，知道（某事）。例如：日前获悉，他已南下探亲。"了解"有知道得清楚，或打听、调查的意思。"理解"，懂、了解的意思。"解释"说明含义、原因、理由等。"说明"是指解释明白。如：说明原因，说明问题。"介绍"是指使了解或熟悉。如：介绍情况，介绍先进经验。"介入"指插进两者之间干预其事。例如：不要介入他们两人之间的争端。"系统"是指有条理的。如：系统学习，系统研究。"系列"指相关联的成组、成套的事物。如：系列化、系列产品、电视系列片。"幅度"比喻事物变动的大小。例如：产品质量有较大幅度的提高。"大度"是指气量宽宏，能容人。

65. B

"美轮美奂"形容建筑高大美观，也形容装饰、布置等美好漂亮。"才貌双全"形容人的才能、相貌都很好。"妖艳无比"，非常艳丽而不庄重。"艰苦朴素"指吃苦耐劳、勤俭朴实。"打理"指整理、料理。如：打理家务。"从事"，投身到（事业中去）。例如：从事教育工作。"加入"指参加进去。如：加入工会，加入足球队。"经营"，筹划并管理（企业等）。"有意识"是指主观上意识到，有目的的，有计划的。例如：他这样做完全是有意识的。"下意识"仅从心理学意义上讲，即人的不自觉的行为趋向。"有意思"指有趣。

66. B
67. C
68. B
"遍布"指分布到所有地方；散布到每个地方。如：通信网遍布全国。"分布"指散布（在一定的地区内）。如：人口分布图；商业网点分布得不均匀。"发布"，宣布（命令、指示、新闻等）。"中落"指（家境）由盛到衰。如：家道中落。"中下"指中等里的下等。"流落"指穷困潦倒，飘泊在外。如：流落街头；流落他乡。"蜚声中外"是指扬名世界的意思。"红极一时"指在一段时间里很红，很受欢迎。"姹紫嫣红"形容各种颜色的花朵，娇艳、绚丽、好看，也比喻事物繁荣兴旺、丰富多彩。

69. B
70. C
"闻名"，有名。"称道"指称述、称赞。例如：这是我应尽的责任，不足称道。"著称"指因著名而被称道。"之称"一般用于"有……之称"的固定搭配。"手艺"指手工业工人的技术。例如：这名木匠师傅的手艺很好。"手段"指为达到某种目的而采取的具体方法，还有本领、能耐的意思。"兑水"指加水。"兑水稀释"是常用的搭配。

第三部分

| 71. D | 72. B | 73. E | 74. A | 75. C |
| 76. C | 77. A | 78. D | 79. E | 80. B |

第四部分

81. A
根据第二段第一行得出答案。
82. D
83. C
第三段有"平均每年后退1.02米"，而1842年到1950年，共108年。
84. D
根据第一段第二行得出答案。
85. A
"惶恐"是害怕的意思。
86. A
据第二段"他越来越害怕"得出答案。
87. D
"影子"是指物体挡住光线后，映在地面或其他物体上的形象。根据文章可知D最符合答案。
88. C
"心力交瘁"是指精神和体力都极度劳累。根据文章最后一段可得出答案。
89. D
根据第一段第二行得出答案。
90. B

-153-

根据第二段第一行得出答案。

91. C

最后一段第一、二行得出答案。

92. B

文章讲的是作者对电视剧的感受，所以选项 B 最合适。

93. D

根据第一段第一行得出答案。

94. B

根据第三段最后一句，B 最符合，其他各项属于客观情况，而非成就。

95. B

根据第四段直接得出答案。

96. B

根据最后一句话可得出答案。

97. A

根据第一段第一、二行得出答案。

98. B

根据第二段"但它位于莱茵河公园里面"推出答案。

99. C

根据第三段得知他没有付钱先吃饭了，随后找前台小姐付钱。

100. D

根据第四段倒数第三行直接得出答案，进入房间的时间是下午 4 点以后。

三、书 写：

101.

  我在一所小学教书的时候，一个几乎不笑的女孩引起了我注意。她学习一般，一下课就回家，家长会从来不来家长。

  周末我中午去了她家找她的家长。她总是催我走，并说明爸爸不回家吃饭。这时他的爸爸进来了，看见我马上跑了出去。我很惊讶，但是一天，我看到她在校门口歪着脑袋似乎在对谁笑。我很不解。

  直到多日后，我在校门口再一次看到她灿烂地笑着，循着她的目光，我看到了她的父亲，身边有两副担子，他假装没看到我。那天下课后，我批评了她。我认为她是因为自己的爸爸在校门口摆摊丢脸而不叫自己的爸爸。每天第一个冲出教室也是因为这个。她告诉我，爸爸不会说话，早回去是为了做好饭等爸爸吃。我知道错怪了她。向她道了歉，并告诉她应该好好学习，这样才对得起爸爸。从那之后，她努力学习，成绩突飞猛进。又一次的家长会上，她做为优秀生上台发言。虽然爸爸没有来，但是她表达了对爸爸的爱意。（参考答案）

卷 二

一、听力：

第一部分

1. D	2. D	3. A	4. D	5. C
6. C	7. B	8. D	9. C	10. B
11. D	12. C	13. C	14. A	15. B

第二部分

16. A	17. C	18. C	19. B	20. D
21. C	22. B	23. D	24. B	25. C
26. C	27. D	28. B	29. C	30. C

第三部分

31. D	32. C	33. B	34. D	35. A
36. D	37. C	38. A	39. D	40. B
41. C	42. D	43. A	44. D	45. C
46. B	47. D	48. B	49. C	50. D

二、阅读：

第一部分

51. B
    B项为问句，应改为"到底适不适合孕妇食用"。

52. C
    "于是"表示后一事紧接着前一事，后一事往往是由前一事引起的。例如：大家一鼓励，我终于恢复了信心。C项前半句是表原因的，应该把"于是"改为"由于"或者"因为"。

53. C
    "都"表示总括，除疑问句外，所总括的成分放在"都"前。"全"表示完全，"都"的意思。C项"都"和"全"意思重复，应把"都"去掉。

54. D
    "自从"表示时间的起点（指过去）。"从来"指从过去到现在（多用于否定式）。D项正确的句子应是"她自从进了山……"。

55. A
    "不"表示主观意愿，可指过去，现在和将来。"没、没有"用于客观叙述，限于指过去和现在，不能指将来。A项应该用"没有"。

56. D
    正确的表述应为"经过一天紧张的工作后"。

57. B
    "了"用在句子末尾或句中停顿的地方，表示变化或已经出现某种情况。B项应在末尾加"了"。

58. C

"给"有表示某种遭遇的意思。例如：羊给狼吃了。而在C项中，应该用"被"。"被"引进动作的施事，前面的主语是动作的受事（施动者放在被字后，但有时省略）。例如：那棵树被（大风）刮倒了。

59. A

"之"，助词，用在定语和中心词之间，组成偏正词组。如：赤子之心；千里之外；大道之行也，天下为公。"其"，人称代词，他（她、它）的，他（她、它）们的。如：各得其所；自圆其说。A项应改为"其能力"，意思是说他的能力。

60. D

"至于"表示达到某种程度。例如：他说了要来的，也许会晚一些，不至于不来吧。"对"表示引出对象。D项中"至于"应改为"对"。

第二部分

61. B

"达到"多指抽象事物或程度。如：目的没有达到；达到国际水平。"到达"指到了（某一地点、某一阶段）。"随着"表示某个情况是另一个情况发展、变化的原因或条件。例如：随着社会的发展，语言也在发展。"也许、或许"表示不很肯定。

62. D

"似乎"，好像的意思。"类似"是指大致相像。"几乎"表示十分接近。

63. C

"人生何处不相逢"指人与人分手后总是有机会再见面。"相间"指（事物和事物）一个隔着一个。如：黑白相间。"未必"，表示"不一定"。"不必"，"不需要"的意思。"未免"表示实在不能不说是……（表示不以为然）。

64. C

"片"用于景色、声音、语言、心意等（前面用"一"字）。如：一片新气象；一片欢腾。"面"用于扁平的物体。如：一面镜子；两面旗子。"幅"用于布帛、呢绒、图画等。如：一幅画；用两幅布做一个床单。"块"用于块状或某些片状的东西。如：两块香皂；一块桌布。"回味"指从回忆里体会。例如：我一直在回味他的话。"体会"指体验领会。"弥补"是指把不足的部分填够。如：弥补缺陷。"引导"是指引、诱导的意思。如：老师对学生要善于引导。"吸引"指把别的物体、力量或别人的注意力引到自己这方面来。

65. C

"期间"指某个时期里面。如：春节期间；农忙期间。"年代"指时代、时期、时间（多指过去，较久远的）。"时期"指一段时间（多指具有某种特征的）。如：抗战时期；社会主义建设时期。"时代"指历史上以经济、政治、文化等状况为依据而划分的某个时期。"脱颖而出"比喻人的才能全部显示出来。"出类拔萃"，超出同类之上，多指人的品德才能。"清新脱俗"一般形容女性，气质让人舒畅，新颖不落俗套。

66. A

"陪伴"指随同作伴。"陪同"指陪伴着一同（进行某一活动）。例如：陪同前往参观。"陪护"，陪伴护理（住院病人）。"场所"指活动的处所。如：公

-156-

共场所；娱乐场所。"场地"，空地，多指供文娱体育活动或施工、试验等用的地方。"场景"指戏剧、电影、电视剧中的场面。"叹息"指叹气，心里感到不痛快而呼出长气，发出声音。

67. B
"自娱自乐"是指自己想办法让自己开心。

68. D
"辩解"，指对受人指责的某种见解或行为加以解释。"解说"指解释说明。"只是"，仅仅是，不过是。例如：我今天进城，只是去逛逛书店，没有别的事儿。

69. B
"对于……来说"为常用搭配。"什么"用在一个成分或并列的几个成分后，表示"……之类"的意思。"落差"比喻对比中的差距或差异。"差额"指跟作为标准或用来比较的数额相差的数。

70. D
"笔"作量词，用于款项或跟款项有关的。如：一笔钱；五笔生意；三笔账。"一下子"表示短暂的时间。"一生中"表示从生到死的全部时间中。"一辈子"是一生的意思。

第三部分

| 71. E | 72. B | 73. D | 74. C | 75. A |
| 76. A | 77. D | 78. E | 79. C | 80. B |

第四部分

81. D
根据第一段"食盐也大量地蕴藏在内湖、岩井和矿石中"可得出答案。

82. B
根据第三段"不管砸成多么小的颗粒，它仍旧是白色的立方体"得出答案。

83. B
根据第三段，"吸水性强，会自然潮解"是明矾的特征，而不是食盐的。

84. C
根据最后一段最后一句话可得出答案。

85. C

86. B
第一段有"一只蜂王，少数雄峰和几千到几万只工蜂"这句话，可得出答案。

87. A
第二段最后一句"蜂王的寿命大约是三年到五年，在蜜蜂的家族中它可以说是寿星了"，看出蜂王寿命最长。"寿星"指长寿的人。

88. B
根据第三段内容得出答案，"交尾"指昆虫交配的动作和过程。

89. D
90. B
91. D

92. B
93. B
94. B
根据全文内容，可推断出答案。
95. C
倒数第二段最后一行直接给出答案。
96. D
文章最后一段，ABC 三项都提到了。注意，阅读题目中出现"以上都是"和"以上都不是"这样的选项，多为正确项。
97. D
98. C
99. A
100. D

三、书 写

101.
　　50 年前，他拼命工作赚了一大笔钱，准备亲手盖一座砖瓦房迎娶深爱的恋人。修建过程中，发生了意外，为了避免恋人被倒下的石柱砸着，他扑到了恋人身上。但不幸还是发生了：恋人失去了双腿，而他的眼睛也被飞溅的石子击中，再也看不见了。
　　等她醒过来后，他第一句话就是："如果我看不见了，你就是我的眼；如果你走不动了，我就是你的腿……"她含着热泪点点头："嗯，一定，一定。"
　　成亲时，虽然他看不见，但还是让人给新娘罩上了红盖头。过河时，去时他让人牵着，回来时，他拒绝了别人的帮助，而是在新娘的指点下，背着她慢慢蹚过了河。此后 50 年里他们没有一次在河里跌倒过。虽然这条河每年都有几十个人滑倒。
　　后来，儿孙们都长大了，他们就很少出门了。有一次妻子住院了，丈夫没能陪在身边，非常着急。面对儿女们的玩笑，他们都表示只要有对方陪着，就心满意足了。
　　他们相互帮助，相互搀扶，走过了半个世纪的美好人生。（参考答案）

卷 三

一、听力：

第一部分

1. D	2. A	3. B	4. D	5. D
6. C	7. D	8. A	9. C	10. A
11. A	12. A	13. C	14. D	15. A

第二部分

16. D	17. D	18. C	19. B	20. D
21. C	22. C	23. D	24. A	25. B
26. D	27. B	28. B	29. D	30. A

第三部分

31. C	32. C	33. A	34. C	35. B
36. B	37. B	38. A	39. B	40. A
41. B	42. C	43. C	44. B	45. C
46. D	47. C	48. B	49. D	50. C

二、阅读：

第一部分

51. B
  "又"表示重复或继续。"再"表示又一次。表示已经重复的动作用"又"，表示将要重复的动作用"再"，例如：这部书前几天我又读了一遍，以后有时间我还要再读一遍。B项应该为"首先要活着，然后再想着怎样活得更好"。

52. C
  "何必"，副词，用反问的语气表示不必。"非得"，副词，表示必须。"何必……呢"为反问句。"何必"应放在"非得"的前面。

53. B
  "侃侃而谈"一般形容滔滔不绝、旁若无人的谈论或演讲。"大跌眼镜"指对出乎意料的结果或不可思议的事物感到非常惊讶。B项中，"把"应改为"让"。"让"表示容许、指使或听任。例如：要是让事态发展下去，后果不堪设想。

54. D
  "不停地"修饰"工作"，所以应放在"工作"的前面。

55. B
  "相当"表示程度高，但不到"很"的程度。例如：这出戏演得相当成功。"相当"和"于"连用做动词，表示配得上或能够相抵。例如：拦河大坝高达110米，相当于二十八层楼高。所以本题，B项应用"相当"，而非"相当于"。

56. C

"往常"指过去的日子。"往往"表示某种情况通常在一定条件下才会出现或发生。根据C项前半句的情况，"往常"应改为"往往"。

57. A

"当选"指选举时被选上。例如：他再次当选为工会主席。"担任"是指担当某种职务或工作。如：担任小组长。所以，A项应把最后的"职位"两字去掉。

58. A

这里的"起"有"兴起"的意思。"起了歹意"表示有不好的想法。"起来"是趋向动词，用在动词的后面，不适用于此句。

59. B

"多"（用在数量词后）表示有零头。例如：五十多岁；两丈多高；三年多。B项应该是"至今已经10多年了"。

60. D

"难题"指不容易解决或解答的问题。它应和量词"个"搭配，"攻克这个难题"。"攻克"指攻下（敌人的据点），也用于比喻义。如：攻克堡垒；攻克难点。

第二部分

61. D

"发表"指向集体或社会表达，宣布。如：发表谈话；发表声明。"发现"指发觉。如：这两天，我发现他好像有什么心事。"避免"指设法不使某种情形发生；防止。"不免"是免不了的意思。"回避"是让开、躲开的意思。

62. A

"其实"指实际上。"一片天地"属于固定搭配。

63. B

"天赋"指生来就具备的素质。"潜力"指潜在的力量。"故意"指有意识地那样做。

64. D

"用意"指某种目的、企图。如：我说这番话的用意，只是想劝劝他。"传递"指由一方交给另一方，辗转递送。例如：传递消息；传递信件。"传送"指把物品、信件、消息、声音等从一处传递到另一处。如：传送电报；传送消息。"过分"指（说话、做事）超过一定的程度或限度。"过度"指超过适当的限度。如：过度兴奋；悲伤过度。

65. C

"一生所求"指一辈子所追求的。"梦寐以求"指睡梦中都想着寻找，形容迫切地希望着。"孜孜以求"是指不知疲倦地探求。"基本上"，大体上。

66. C

"对……来说"是固定搭配。"负担"指承受的压力或担当的责任、费用等。"付出"指交出（款项、代价等）。"稀奇"指稀少新奇。"稀少"指很少。

67. D

"策略"指根据形势发展而制定的行动方针和斗争方式，名词。"策划"，筹划，谋划。"探索"指多方寻求答案，解决疑问。例如：探索认识道路；探索自然界奥秘。"探险"指到从来没有人去过或很少有人去过的艰险地方去考察（自然界情况）。"对/就……而言"为固定搭配。

68. B

"许愿、许个愿望"是固定搭配。"虽然/不管……，但是……"是固定搭配。"志同道合"是指志向相同，意见相合。"同仇敌忾"是指全体一致地仇恨敌人。"志趣相投"，志向和兴趣差不多。

69. A

"左右"用在数字后面表示概数，跟"上下"用法相同。"加以"用在多音节的动词前，表示如何对待或处理前面所提到的事物。如：发现问题要及时加以解决。"盛名"指很大的名望。人们常说"享有盛名"。"超越"指超出，越过。例如：超越前人；超出时空。

70. D

"推断"，在推测的基础上判断。"判断"是断定的意思。"安排"指有条理、分先后地处理（事物）、安置（人员）。例如：安排工作；安排生活。"定位"是指把事物放在适当的地位，并给出某种评价。

第三部分

71. A 72. C 73. D 74. B 75. E
76. B 77. D 78. A 79. C 80. E

第四部分

81. B

根据第一段最后一句话得出答案。

82. D

"苦楚"指痛苦（多指生活上受折磨）。从文章的句子"有很多说不出的苦楚"可推断她当时很"无奈"。

83. B

根据第四段第一句"倾注了全部的心血照顾女儿"，可得出答案。

84. C

85. C

"早饭"即早餐，从第一段"早晨"、"小吃店"等可看出故事发生在"我"吃早餐的时候。

86. A

"老叫花子"是指年纪大的乞丐。根据第二段 "不敢看他"可得出答案。

87. C

88. B

根据文章内容得出答案。本文的作者对于"擦鞋的女人"是一种赞美的态度。

89. C

根据第一段直接得出答案。

90. B

根据文章第二段的"免费参加，来去自由"得出答案。

91. C

文章第三段"既有85岁高龄的老者,也有4岁的孩子",可得出答案。
92. C
根据文章最后一段得出答案,"汉语角"给人"自由、活泼"的感觉,具有"民间性质"。
93. A
94. B
95. C
96. C
97. B
98. A
99. D
100. C

三、书写:

101.
  男孩从小很不听话,爸爸经常打他,但他总是屡教不改。有一次,父亲一怒之下把他推了出去,他的头撞到了,落下了流鼻血的毛病。后来,他发现只要轻轻一敲打鼻梁,鼻血就会流出来。这以后,只要老师罚他,他就会趁老师不注意轻轻敲打鼻梁,老师一看他流鼻血,就马上不罚他了。而当父亲惩罚他时,他也这样做,父亲马上就会住手。因为这样。他学会了欺骗,而且变本加利,学会了偷。有一天,父亲的一句话让他发生了改变。为了省钱,父亲步行几十公里走了回来。一到家,就累得躺下,他对母亲说:"为了心疼两块钱,我步行回来的。"习惯性的,他又去父亲的外套里偷钱,但是里面只有一张破旧的两元纸币。那天,他最终还是没有把钱花出去。他的耳边不时响起父亲的那句话。他第一次觉得自己的行为很可耻。他把钱放回了父亲衣服里。后来。他一次次地改变着自己,最终成为一个中规中矩的人。他的改变,不是源自什么拳打脚踢式的管教,而仅仅是源自两元钱的教育!(参考答案)

卷 四

一、听力：

第一部分

1. C	2. B	3. D	4. D	5. C
6. D	7. A	8. D	9. D	10. B
11. A	12. D	13. B	14. D	15. C

第二部分

16. B	17. D	18. B	19. A	20. C
21. C	22. D	23. B	24. D	25. B
26. A	27. D	28. C	29. B	30. D

第三部分

31. B	32. A	33. D	34. B	35. D
36. C	37. B	38. D	39. C	40. B
41. D	42. C	43. B	44. C	45. B
46. D	47. C	48. B	49. D	50. B

二、阅读

第一部分

51. A
    该句没有主语，应该改为"老师的教导让我们提高了认识"。

52. C
    B项"回暖"表示天气由冷转暖，也指事物又开始往好的方面发展。"只有"表示唯一的条件，常跟"才"搭配。如：只有同心协力，才能把事情办好。C项的"只有……也"，应改为"只有……才"。

53. B
    "成为"是变成的意思。"作为"指就人的某种身份或事物的某种性质来说。如：作为一个学生，首先得把学习搞好。

54. B
    "理发"常说成"理个发"、"理一次发"等。

55. A

56. C
    "避免不犯错误"是双重否定，表示肯定的意思，指"应该犯错误"，与句子意义不符。

57. B
    "里"，方位词，里面、内部的意思，跟"外"相对。应该说"走在大街上"而不是"大街里"。

58. B
    B项正确的句子应是"我第一次接触音乐"。

59. C

"多"用在数量词后,表示有零头。C项应改为"五千多人"。

60. D

量词名词搭配错误,"一口气"不能说成"一个气"。

第二部分

61. B

"绝对",指不受任何条件的限制和制约。"相对",跟"绝对"相反。

62. C

"威胁",使用或凭借武力来吓唬别人。"人身安全"指人的生命安全。

63. A

"表示",显现出某种思想、感情、态度的语言、行动。"表达",表示出思想或情感。"表现",在行动或作风中显示出来。新闻报道中常出现"专家/有关部门表示"的说法,以提出某种观点。"说明",解释证明。"条例",指国家或单位制定的规章制度等。

64. B

"时代",人生命中的某个时期。"提拔",提升。"期间",在某一个时期里。"点拨",指点、指导。"点化",借指僧道用言语启发人悟道。

65. C

"如饥似渴"形容要求很迫切。"求知若渴",指求知愿望十分迫切。"措施",处理某种情况的方法、方针和政策。"待遇",指工资福利以及权利、社会地位等。

66. D

表示出生日期和地点,常用"某人生于某时/某地"的说法。

67. B

"浇",把水或液体泼、撒、淋在物体上。此句表示将某种液体少量地装入,"滴眼药水"是固定搭配。

68. D
69. C
70. A

第三部分

71. A　　72. C　　73. B　　74. D　　75. E
76. D　　77. E　　78. C　　79. B　　80. A

第四部分

81. D

最初,居民还以为是某些孩子的恶作剧。"恶作剧",指开过分的使人难堪的玩笑。

82. A

文中第二段第一句说明,一个消防员在回家路上发现了这个情况。

83. B

第三段中，气象学家表示，"这其实是一种非常罕见的自然现象"，即极其少见。

84. C
第三段中有"他们都惊叹这一奇景，纷纷议论它们到底是怎样形成的"。可见，人们对"雪滚轴"的态度是很吃惊，因为这一现象非常少见。

85. C
第一段为作者对小镇的描述。从"奇异""迷人"等词可看出作者的态度。

86. B
第二段"他猜想肯定这樱桃的价格特别高"，即价格原因。

87. B
从第三段老板说的话中，可推断出正确答案。

88. B

89. D
第一段主要讲老实人有两种类型，同时说明了老实人的特点。

90. C
一般情况下，理解文中的部分语句，需要在上下文中找到与之呼应的内容。在第一段中，"修来的"与"天生的"正相反，指主观上追求一种修养和境界。

91. A
从第二段第一句"令人遗憾的是，时下老实人受冷落、被亏待的现象在一些地方和单位依然存在"可得出答案。

92. C
第四段中明确指出"老实还应当是做人的基本原则"。

93. A
从文章第二段的"空罐其实就是闲置的资源，空罐就是价值"一句可以看出这个游戏的意义。

94. C
第四段的第一句明确提出，"思考这两个问题，会拓展你的思路"，而"这两个问题"正是由游戏引发而来的。

95. B
第五段中明确提出了获得第6罐可乐的方法，即借助别人的资源。

96. C

97. B
第一段中有"只能和一台电视机为伴"，暗示奶奶经常看电视。

98. B

99. B
午后，奶奶照例卧床休息。中午饭后的短暂休息称为"午休"。

100. C

三、书写：

101.
他是个快递小子，很年轻，戴着眼镜，穿得整整齐齐，还有点害羞，一看就知道刚刚入行。第一次来时他只是送名片,几天后,同事打电话让他送信,他很快就来了,还穿了皮鞋,有点紧张。他认真地做着自己的工作。由于他的装扮和工作特点,我记住了他。寄东西时,问同事要了他的电话。他还是很快过来,完成工作。由于刚做不久,他确实很认真,所以花的时间比别人要多,我觉得赚钱也不会太多,他不会做得很好。"十一"前夕,他仍然是西装皮鞋,拿来了桔子送给我们,因为我们这儿是他的第一份业务,他来表示他的感激之情。桔子不大,还有点酸涩,但是我们都很感动。以后,有快递和信件,办公室都会找他,同时也把他推荐给别的部门。又一个"十一"到了,那天打电话给他,电话是他接的,来的是另一个更年轻的男孩。通过他我们知道,当年的那个快递小子已经是分公司的经理了。当天下午,他的快递公司送来了一箱进口橙子,又大又甜。我们都知道是他送的。(参考答案)

卷 五

一、听力：

第一部分

1. A	2. A	3. D	4. C	5. B
6. C	7. A	8. C	9. A	10. D
11. A	12. B	13. D	14. C	15. D

第二部分

16. B	17. B	18. A	19. C	20. B
21. D	22. B	23. B	24. A	25. C
26. C	27. D	28. B	29. D	30. A

第三部分

31. B	32. C	33. D	34. C	35. D
36. D	37. C	38. A	39. C	40. C
41. D	42. D	43. C	44. D	45. B
46. D	47. D	48. C	49. C	50. C

二、阅读：

第一部分

51. A
    正确的是"一片嘈杂声"。"片"用做量词，可用于景色、气象、声音、语言、心意等（前面通常搭配数词"一"）。如：一片脚步声；一片真心。

52. C
    "圆梦"是指实现梦想或理想。如：他终于圆了奥运会冠军梦。"梦里"是指在梦中。

53. D
    D项的形容词"激动"带补语后，不能再受状语"特别"的修饰，应去掉"特别"，或去掉"极了"。

54. C
    正确的语序是"上来一群外国记者"，"一群"修饰"外国记者"，应放在名词前面。

55. A
    A项应改为"生活是琐碎的"，"是……的"起强调作用，跟后面的句子呼应。

56. C
    "引来"可以表示吸引过来，引进过来，引导过来，引诱过来。例如：那个长头发男孩手拿吉他边弹边唱，动听的弹唱声引来了不少过往的行人驻足欣赏。"引起"是指某种事物使另一事物出现。例如：引起好感。没有"引起来"这样的搭配。

57. B

B项要表达的是"三十年前,在大学念书的时候","三十年前"是时间点,而"前三十年"是表达一段时间,是时间段。

58. A

"无须"是不需要的意思。"无须不",双重否定表示肯定,根据 A 项句子的意思,应该去掉"不"。

59. D

"文质彬彬"不能受副词"十分"的修饰。D项应去掉"十分"。

60. C

"完毕"是完结的意思。"了"用在动词后表示动作或变化已经完成。C 项应该改为"一般应在一个月内使用完毕"。

第二部分

61. C

"万一",可能性很小的意外情况。"千万",务必,一定。"利索",利落。根据句义,应选择C项。

62. B
63. A

"主张",持有某种见解。"要求",提出希望得到满足的愿望或条件。"张罗",规划、筹备。从句子中可以推断"昔日好友"不只一名,不能用"一个"修饰。

64. C

"指导",指点、引导,开导。"指出",表示表达某种观点或提出某个问题。应选择C项的"指出"。

65. D
66. A
67. B
68. C

"装修",给房子重新装饰并添加设备。"布置",安排或摆放某种物品以适应各种需要。"设置",设立、安装。句中指用照片装点居室,而非大规模的装修。

69. A
70. C

第三部分

71. A	72. C	73. B	74. E	75. D
76. E	77. A	78. D	79. C	80. B

第四部分

81. D
82. D
83. C

84. D
85. A
   第一段"先后有100多位听众听后,不能控制自己而自杀",说明了这首歌被称为"魔鬼的邀请书"的原因。
86. B
   文中第二段提到创作者正处在失恋的悲伤中,于是写了这首歌。
87. C
   文中第三段第一句"关于这首歌的传闻显得有点夸张",说明了作者对这首歌的态度,是觉得它的特点被人夸大了。
88. D
   从全文的最后一句话"但音乐能左右人的情绪","左右"做动词使用,表示对某人或某事产生某种影响。
89. D
   从全文的第一句话"关于上海市老年人图书阅读和消费状况的抽样调查显示",说明该调查是关于老年人的阅读情况的。
90. C
   从第二段内容可知正确答案。
91. C
   第四段中明确说明多数老年读者"认为图书馆是阅读书籍最好的去处"。
92. B
   老年人对阅读的要求,被调查者意见最集中的是"报纸、杂志、图书的字号太小"等问题,这些均为书刊版面设计的问题,而和内容、价格无关。
93. D
   根据第一段第一句话可知正确答案。
94. A
   第一段最后,"我连声夸道:'师傅手艺真棒'",说明A项正确。
95. B
   "死马当活马医",比喻明知事情已经无可救药,仍然抱一丝希望,积极挽救,也泛指做最后的尝试。
96. C
   第二段中,"我"对补完后的衬衣感觉是"更完美更独特"。
97. D
98. C
99. B
100. C

三、书写:

101.
父母家在离北京两个小时车程的地方。有一年的"五一",我和先生搭车回去,没带洗漱用品。晚上刷牙时,发现父母用的还是那种老掉牙的白玉牙膏,而且瘪瘪的,挤了半天才挤出来。我非常讲究,每日要用的东西一定是最好的。刷牙的用具经常换。父母这儿的牙刷有点硬,我的牙齿出血了。我对妈妈抱怨。妈妈没说什么。第二天,我洗脸,发现父母的毛巾用的都发硬了。对先生抱怨说还是家里好。秋天的时候,妈妈到我这儿来,我准备了新的洗漱用具,她不舍得用,还用旧的。一位朋友来串门,我让妈妈换上新毛巾,但是等朋友走后,妈妈又换上了旧毛巾,我很不理解。12月份,单位福利分房,要交3万元钱,我们一下子拿不出来。因为平时什么都要最好的,没有存多少钱,和丈夫商量时发生了争执。第二天,妈妈回了家,晚上一进门妈妈就给我们2万元钱,说是为我们存的钱。我的眼泪一下子掉了下来,想起了妈妈挤得干干的牙膏和硬邦邦的毛巾……

(参考答案)

答题卡

新汉语水平考试
HSK（六级）答题卡

姓名		国籍	[0] [1] [2] [3] [4] [5] [6] [7] [8] [9] [0] [1] [2] [3] [4] [5] [6] [7] [8] [9] [0] [1] [2] [3] [4] [5] [6] [7] [8] [9]
		性别	男 [1]　　女 [2]
序号	[0] [1] [2] [3] [4] [5] [6] [7] [8] [9] [0] [1] [2] [3] [4] [5] [6] [7] [8] [9] [0] [1] [2] [3] [4] [5] [6] [7] [8] [9] [0] [1] [2] [3] [4] [5] [6] [7] [8] [9]	考点	[0] [1] [2] [3] [4] [5] [6] [7] [8] [9] [0] [1] [2] [3] [4] [5] [6] [7] [8] [9] [0] [1] [2] [3] [4] [5] [6] [7] [8] [9]
		你是华裔吗？	是 [1]　　不是 [2]
年龄	[0] [1] [2] [3] [4] [5] [6] [7] [8] [9] [0] [1] [2] [3] [4] [5] [6] [7] [8] [9]		

学习汉语的时间：

2年以下 [1]　　2年—3年 [2]　　3年—4年 [3]　　4年—5年 [4]　　5年以上 [5]

注意　请用2B铅笔这样写：■

一、听力

1. [A] [B] [C] [D]	6. [A] [B] [C] [D]	11. [A] [B] [C] [D]	16. [A] [B] [C] [D]	21. [A] [B] [C] [D]
2. [A] [B] [C] [D]	7. [A] [B] [C] [D]	12. [A] [B] [C] [D]	17. [A] [B] [C] [D]	22. [A] [B] [C] [D]
3. [A] [B] [C] [D]	8. [A] [B] [C] [D]	13. [A] [B] [C] [D]	18. [A] [B] [C] [D]	23. [A] [B] [C] [D]
4. [A] [B] [C] [D]	9. [A] [B] [C] [D]	14. [A] [B] [C] [D]	19. [A] [B] [C] [D]	24. [A] [B] [C] [D]
5. [A] [B] [C] [D]	10. [A] [B] [C] [D]	15. [A] [B] [C] [D]	20. [A] [B] [C] [D]	25. [A] [B] [C] [D]
26. [A] [B] [C] [D]	31. [A] [B] [C] [D]	36. [A] [B] [C] [D]	41. [A] [B] [C] [D]	46. [A] [B] [C] [D]
27. [A] [B] [C] [D]	32. [A] [B] [C] [D]	37. [A] [B] [C] [D]	42. [A] [B] [C] [D]	47. [A] [B] [C] [D]
28. [A] [B] [C] [D]	33. [A] [B] [C] [D]	38. [A] [B] [C] [D]	43. [A] [B] [C] [D]	48. [A] [B] [C] [D]
29. [A] [B] [C] [D]	34. [A] [B] [C] [D]	39. [A] [B] [C] [D]	44. [A] [B] [C] [D]	49. [A] [B] [C] [D]
30. [A] [B] [C] [D]	35. [A] [B] [C] [D]	40. [A] [B] [C] [D]	45. [A] [B] [C] [D]	50. [A] [B] [C] [D]

二、阅读

51. [A] [B] [C] [D]	56. [A] [B] [C] [D]	61. [A] [B] [C] [D]	66. [A] [B] [C] [D]	71. [A] [B] [C] [D] [E]
52. [A] [B] [C] [D]	57. [A] [B] [C] [D]	62. [A] [B] [C] [D]	67. [A] [B] [C] [D]	72. [A] [B] [C] [D] [E]
53. [A] [B] [C] [D]	58. [A] [B] [C] [D]	63. [A] [B] [C] [D]	68. [A] [B] [C] [D]	73. [A] [B] [C] [D] [E]
54. [A] [B] [C] [D]	59. [A] [B] [C] [D]	64. [A] [B] [C] [D]	69. [A] [B] [C] [D]	74. [A] [B] [C] [D] [E]
55. [A] [B] [C] [D]	60. [A] [B] [C] [D]	65. [A] [B] [C] [D]	70. [A] [B] [C] [D]	75. [A] [B] [C] [D] [E]
76. [A] [B] [C] [D] [E]	81. [A] [B] [C] [D]	86. [A] [B] [C] [D]	91. [A] [B] [C] [D]	96. [A] [B] [C] [D]
77. [A] [B] [C] [D] [E]	82. [A] [B] [C] [D]	87. [A] [B] [C] [D]	92. [A] [B] [C] [D]	97. [A] [B] [C] [D]
78. [A] [B] [C] [D] [E]	83. [A] [B] [C] [D]	88. [A] [B] [C] [D]	93. [A] [B] [C] [D]	98. [A] [B] [C] [D]
79. [A] [B] [C] [D] [E]	84. [A] [B] [C] [D]	89. [A] [B] [C] [D]	94. [A] [B] [C] [D]	99. [A] [B] [C] [D]
80. [A] [B] [C] [D] [E]	85. [A] [B] [C] [D]	90. [A] [B] [C] [D]	95. [A] [B] [C] [D]	100. [A] [B] [C] [D]

三、书写

101.

新汉语水平考试
HSK（六级）答题卡

姓名

国籍 [0][1][2][3][4][5][6][7][8][9]
[0][1][2][3][4][5][6][7][8][9]
[0][1][2][3][4][5][6][7][8][9]

性别　男 [1]　　女 [2]

序号 [0][1][2][3][4][5][6][7][8][9]
[0][1][2][3][4][5][6][7][8][9]
[0][1][2][3][4][5][6][7][8][9]
[0][1][2][3][4][5][6][7][8][9]

考点 [0][1][2][3][4][5][6][7][8][9]
[0][1][2][3][4][5][6][7][8][9]
[0][1][2][3][4][5][6][7][8][9]

你是华裔吗？
是 [1]　　不是 [2]

年龄 [0][1][2][3][4][5][6][7][8][9]
[0][1][2][3][4][5][6][7][8][9]

学习汉语的时间：

2年以下 [1]　　2年—3年 [2]　　3年—4年 [3]　　4年—5年 [4]　　5年以上 [5]

注意　请用2B铅笔这样写：■

一、听力

1. [A][B][C][D]	6. [A][B][C][D]	11. [A][B][C][D]	16. [A][B][C][D]	21. [A][B][C][D]
2. [A][B][C][D]	7. [A][B][C][D]	12. [A][B][C][D]	17. [A][B][C][D]	22. [A][B][C][D]
3. [A][B][C][D]	8. [A][B][C][D]	13. [A][B][C][D]	18. [A][B][C][D]	23. [A][B][C][D]
4. [A][B][C][D]	9. [A][B][C][D]	14. [A][B][C][D]	19. [A][B][C][D]	24. [A][B][C][D]
5. [A][B][C][D]	10. [A][B][C][D]	15. [A][B][C][D]	20. [A][B][C][D]	25. [A][B][C][D]

26. [A][B][C][D]	31. [A][B][C][D]	36. [A][B][C][D]	41. [A][B][C][D]	46. [A][B][C][D]
27. [A][B][C][D]	32. [A][B][C][D]	37. [A][B][C][D]	42. [A][B][C][D]	47. [A][B][C][D]
28. [A][B][C][D]	33. [A][B][C][D]	38. [A][B][C][D]	43. [A][B][C][D]	48. [A][B][C][D]
29. [A][B][C][D]	34. [A][B][C][D]	39. [A][B][C][D]	44. [A][B][C][D]	49. [A][B][C][D]
30. [A][B][C][D]	35. [A][B][C][D]	40. [A][B][C][D]	45. [A][B][C][D]	50. [A][B][C][D]

二、阅读

51. [A][B][C][D]	56. [A][B][C][D]	61. [A][B][C][D]	66. [A][B][C][D]	71. [A][B][C][D][E]
52. [A][B][C][D]	57. [A][B][C][D]	62. [A][B][C][D]	67. [A][B][C][D]	72. [A][B][C][D][E]
53. [A][B][C][D]	58. [A][B][C][D]	63. [A][B][C][D]	68. [A][B][C][D]	73. [A][B][C][D][E]
54. [A][B][C][D]	59. [A][B][C][D]	64. [A][B][C][D]	69. [A][B][C][D]	74. [A][B][C][D][E]
55. [A][B][C][D]	60. [A][B][C][D]	65. [A][B][C][D]	70. [A][B][C][D]	75. [A][B][C][D][E]

76. [A][B][C][D][E]	81. [A][B][C][D]	86. [A][B][C][D]	91. [A][B][C][D]	96. [A][B][C][D]
77. [A][B][C][D][E]	82. [A][B][C][D]	87. [A][B][C][D]	92. [A][B][C][D]	97. [A][B][C][D]
78. [A][B][C][D][E]	83. [A][B][C][D]	88. [A][B][C][D]	93. [A][B][C][D]	98. [A][B][C][D]
79. [A][B][C][D][E]	84. [A][B][C][D]	89. [A][B][C][D]	94. [A][B][C][D]	99. [A][B][C][D]
80. [A][B][C][D][E]	85. [A][B][C][D]	90. [A][B][C][D]	95. [A][B][C][D]	100. [A][B][C][D]

三、书写

101.

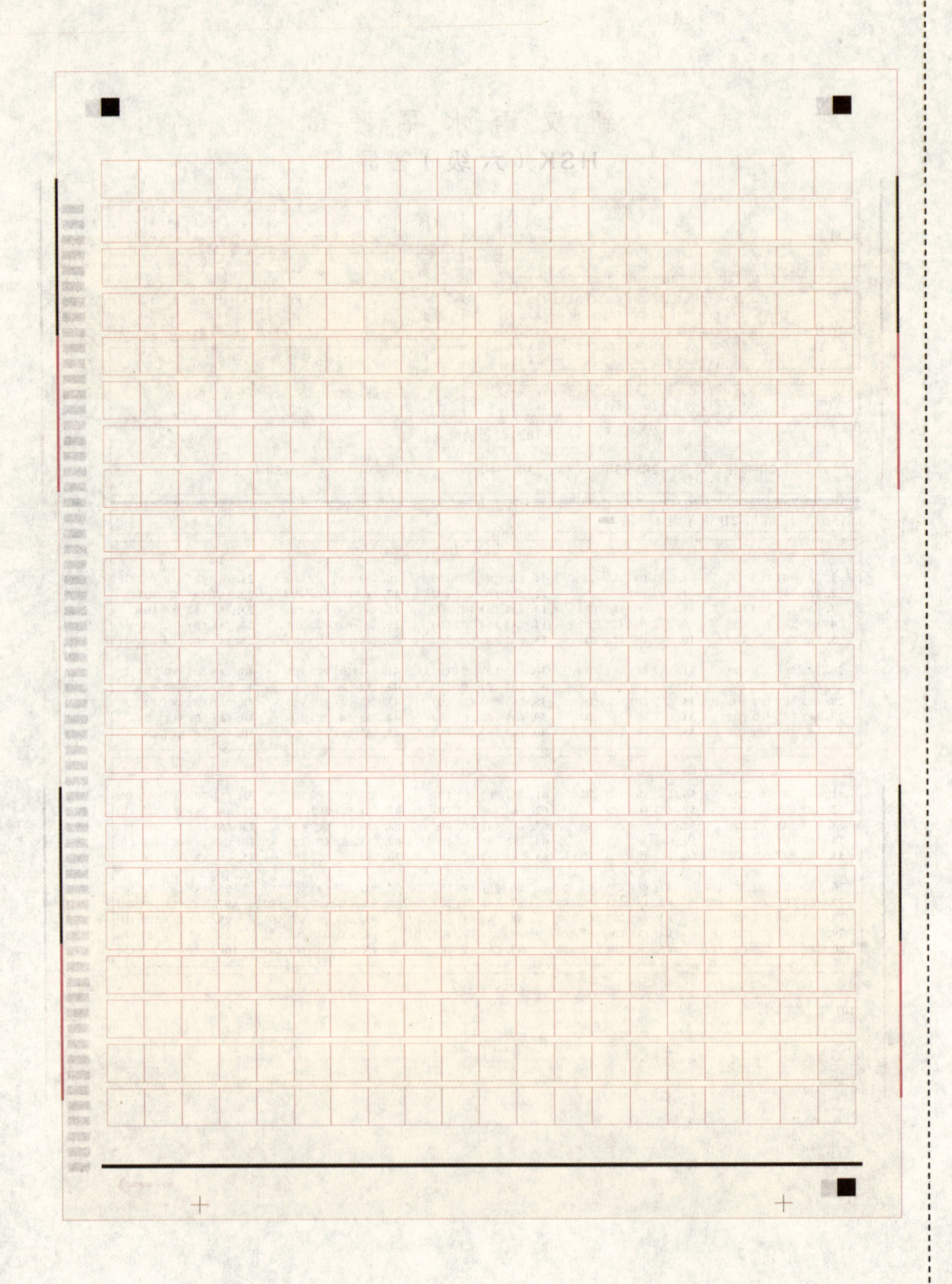

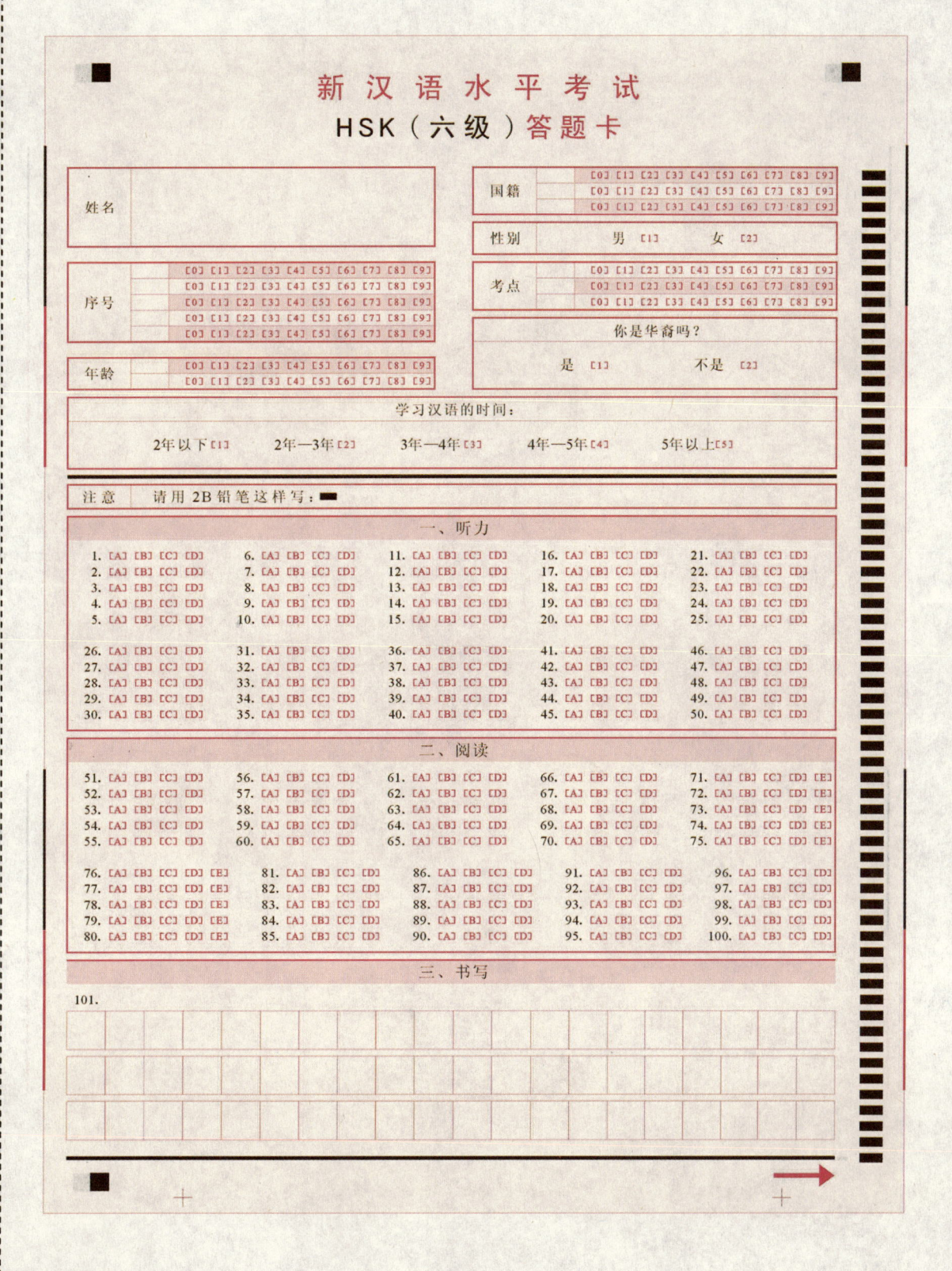

新 汉 语 水 平 考 试
HSK（六级）答题卡

姓名		国籍	[0] [1] [2] [3] [4] [5] [6] [7] [8] [9] [0] [1] [2] [3] [4] [5] [6] [7] [8] [9]
		性别	男 [1]　　女 [2]
序号	[0] [1] [2] [3] [4] [5] [6] [7] [8] [9] [0] [1] [2] [3] [4] [5] [6] [7] [8] [9] [0] [1] [2] [3] [4] [5] [6] [7] [8] [9]	考点	[0] [1] [2] [3] [4] [5] [6] [7] [8] [9] [0] [1] [2] [3] [4] [5] [6] [7] [8] [9] [0] [1] [2] [3] [4] [5] [6] [7] [8] [9]
年龄	[0] [1] [2] [3] [4] [5] [6] [7] [8] [9] [0] [1] [2] [3] [4] [5] [6] [7] [8] [9]	你是华裔吗？ 是 [1]　　不是 [2]	

学习汉语的时间：
2年以下 [1]　　2年—3年 [2]　　3年—4年 [3]　　4年—5年 [4]　　5年以上 [5]

注意　请用2B铅笔这样写：■

一、听力

1. [A] [B] [C] [D]　　6. [A] [B] [C] [D]　　11. [A] [B] [C] [D]　　16. [A] [B] [C] [D]　　21. [A] [B] [C] [D]
2. [A] [B] [C] [D]　　7. [A] [B] [C] [D]　　12. [A] [B] [C] [D]　　17. [A] [B] [C] [D]　　22. [A] [B] [C] [D]
3. [A] [B] [C] [D]　　8. [A] [B] [C] [D]　　13. [A] [B] [C] [D]　　18. [A] [B] [C] [D]　　23. [A] [B] [C] [D]
4. [A] [B] [C] [D]　　9. [A] [B] [C] [D]　　14. [A] [B] [C] [D]　　19. [A] [B] [C] [D]　　24. [A] [B] [C] [D]
5. [A] [B] [C] [D]　　10. [A] [B] [C] [D]　　15. [A] [B] [C] [D]　　20. [A] [B] [C] [D]　　25. [A] [B] [C] [D]

26. [A] [B] [C] [D]　　31. [A] [B] [C] [D]　　36. [A] [B] [C] [D]　　41. [A] [B] [C] [D]　　46. [A] [B] [C] [D]
27. [A] [B] [C] [D]　　32. [A] [B] [C] [D]　　37. [A] [B] [C] [D]　　42. [A] [B] [C] [D]　　47. [A] [B] [C] [D]
28. [A] [B] [C] [D]　　33. [A] [B] [C] [D]　　38. [A] [B] [C] [D]　　43. [A] [B] [C] [D]　　48. [A] [B] [C] [D]
29. [A] [B] [C] [D]　　34. [A] [B] [C] [D]　　39. [A] [B] [C] [D]　　44. [A] [B] [C] [D]　　49. [A] [B] [C] [D]
30. [A] [B] [C] [D]　　35. [A] [B] [C] [D]　　40. [A] [B] [C] [D]　　45. [A] [B] [C] [D]　　50. [A] [B] [C] [D]

二、阅读

51. [A] [B] [C] [D]　　56. [A] [B] [C] [D]　　61. [A] [B] [C] [D]　　66. [A] [B] [C] [D]　　71. [A] [B] [C] [D] [E]
52. [A] [B] [C] [D]　　57. [A] [B] [C] [D]　　62. [A] [B] [C] [D]　　67. [A] [B] [C] [D]　　72. [A] [B] [C] [D] [E]
53. [A] [B] [C] [D]　　58. [A] [B] [C] [D]　　63. [A] [B] [C] [D]　　68. [A] [B] [C] [D]　　73. [A] [B] [C] [D] [E]
54. [A] [B] [C] [D]　　59. [A] [B] [C] [D]　　64. [A] [B] [C] [D]　　69. [A] [B] [C] [D]　　74. [A] [B] [C] [D] [E]
55. [A] [B] [C] [D]　　60. [A] [B] [C] [D]　　65. [A] [B] [C] [D]　　70. [A] [B] [C] [D]　　75. [A] [B] [C] [D] [E]

76. [A] [B] [C] [D] [E]　　81. [A] [B] [C] [D]　　86. [A] [B] [C] [D]　　91. [A] [B] [C] [D]　　96. [A] [B] [C] [D]
77. [A] [B] [C] [D] [E]　　82. [A] [B] [C] [D]　　87. [A] [B] [C] [D]　　92. [A] [B] [C] [D]　　97. [A] [B] [C] [D]
78. [A] [B] [C] [D] [E]　　83. [A] [B] [C] [D]　　88. [A] [B] [C] [D]　　93. [A] [B] [C] [D]　　98. [A] [B] [C] [D]
79. [A] [B] [C] [D] [E]　　84. [A] [B] [C] [D]　　89. [A] [B] [C] [D]　　94. [A] [B] [C] [D]　　99. [A] [B] [C] [D]
80. [A] [B] [C] [D] [E]　　85. [A] [B] [C] [D]　　90. [A] [B] [C] [D]　　95. [A] [B] [C] [D]　　100. [A] [B] [C] [D]

三、书写

101.

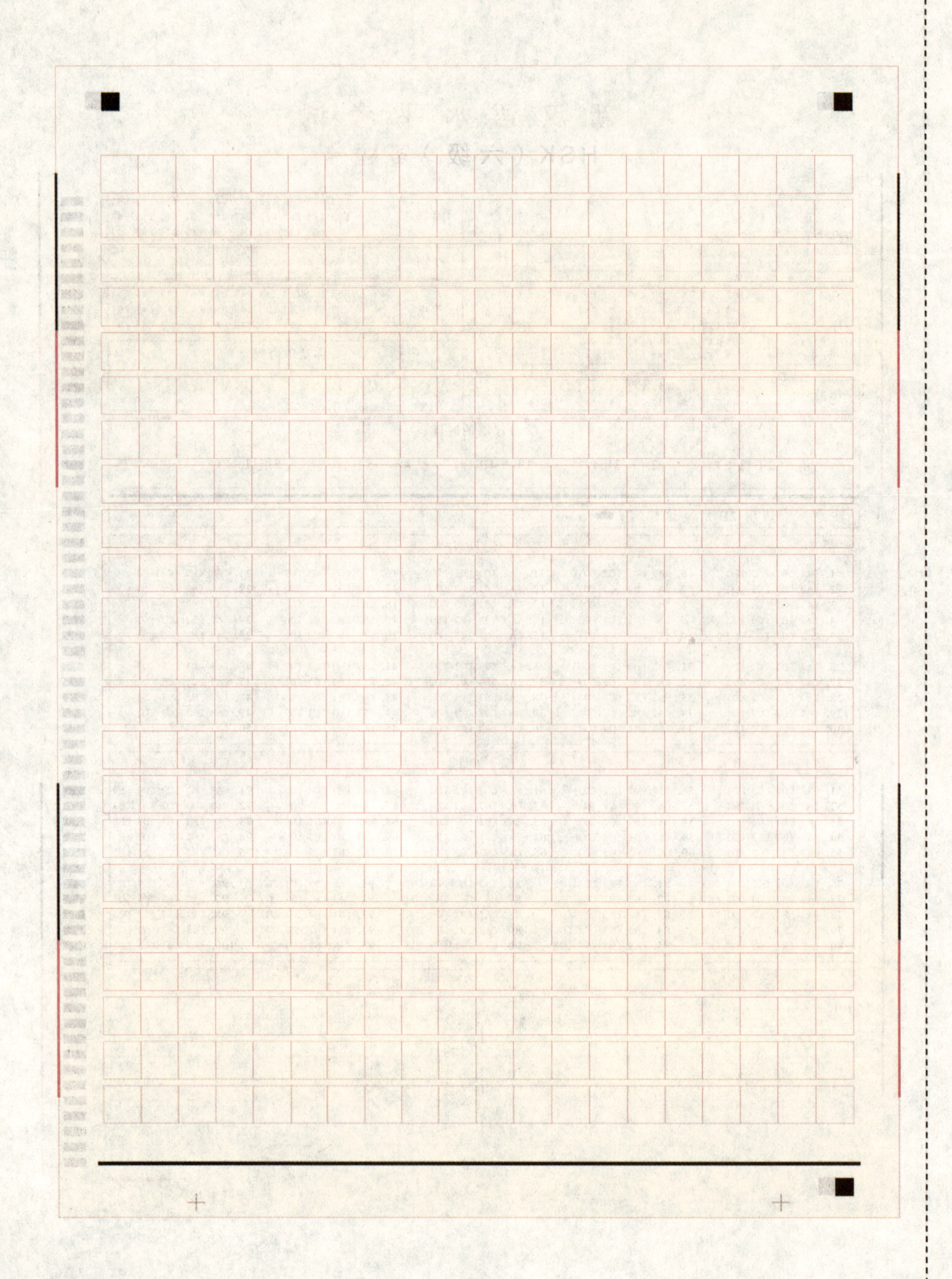

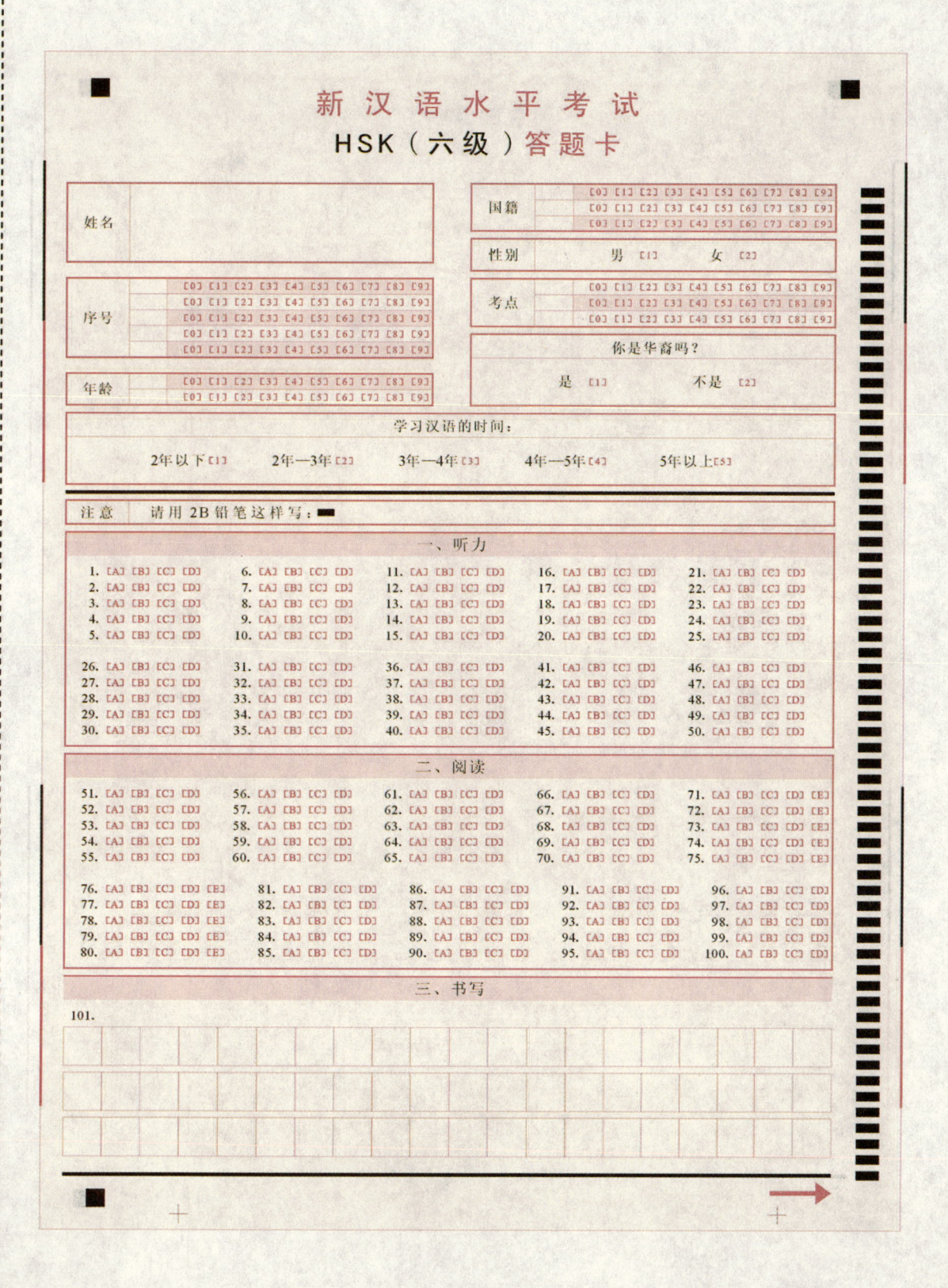

新汉语水平考试
HSK（六级）答题卡

姓名		国籍	[0][1][2][3][4][5][6][7][8][9] [0][1][2][3][4][5][6][7][8][9]

性别　　男 [1]　　女 [2]

序号	[0][1][2][3][4][5][6][7][8][9] [0][1][2][3][4][5][6][7][8][9] [0][1][2][3][4][5][6][7][8][9]	考点	[0][1][2][3][4][5][6][7][8][9] [0][1][2][3][4][5][6][7][8][9]

你是华裔吗？　　是 [1]　　不是 [2]

年龄	[0][1][2][3][4][5][6][7][8][9]

学习汉语的时间：

2年以下 [1]　　2年—3年 [2]　　3年—4年 [3]　　4年—5年 [4]　　5年以上 [5]

注意　请用2B铅笔这样写：■

一、听力

1. [A][B][C][D]	6. [A][B][C][D]	11. [A][B][C][D]	16. [A][B][C][D]	21. [A][B][C][D]
2. [A][B][C][D]	7. [A][B][C][D]	12. [A][B][C][D]	17. [A][B][C][D]	22. [A][B][C][D]
3. [A][B][C][D]	8. [A][B][C][D]	13. [A][B][C][D]	18. [A][B][C][D]	23. [A][B][C][D]
4. [A][B][C][D]	9. [A][B][C][D]	14. [A][B][C][D]	19. [A][B][C][D]	24. [A][B][C][D]
5. [A][B][C][D]	10. [A][B][C][D]	15. [A][B][C][D]	20. [A][B][C][D]	25. [A][B][C][D]
26. [A][B][C][D]	31. [A][B][C][D]	36. [A][B][C][D]	41. [A][B][C][D]	46. [A][B][C][D]
27. [A][B][C][D]	32. [A][B][C][D]	37. [A][B][C][D]	42. [A][B][C][D]	47. [A][B][C][D]
28. [A][B][C][D]	33. [A][B][C][D]	38. [A][B][C][D]	43. [A][B][C][D]	48. [A][B][C][D]
29. [A][B][C][D]	34. [A][B][C][D]	39. [A][B][C][D]	44. [A][B][C][D]	49. [A][B][C][D]
30. [A][B][C][D]	35. [A][B][C][D]	40. [A][B][C][D]	45. [A][B][C][D]	50. [A][B][C][D]

二、阅读

51. [A][B][C][D]	56. [A][B][C][D]	61. [A][B][C][D]	66. [A][B][C][D]	71. [A][B][C][D][E]
52. [A][B][C][D]	57. [A][B][C][D]	62. [A][B][C][D]	67. [A][B][C][D]	72. [A][B][C][D][E]
53. [A][B][C][D]	58. [A][B][C][D]	63. [A][B][C][D]	68. [A][B][C][D]	73. [A][B][C][D][E]
54. [A][B][C][D]	59. [A][B][C][D]	64. [A][B][C][D]	69. [A][B][C][D]	74. [A][B][C][D][E]
55. [A][B][C][D]	60. [A][B][C][D]	65. [A][B][C][D]	70. [A][B][C][D]	75. [A][B][C][D][E]
76. [A][B][C][D][E]	81. [A][B][C][D]	86. [A][B][C][D]	91. [A][B][C][D]	96. [A][B][C][D]
77. [A][B][C][D][E]	82. [A][B][C][D]	87. [A][B][C][D]	92. [A][B][C][D]	97. [A][B][C][D]
78. [A][B][C][D][E]	83. [A][B][C][D]	88. [A][B][C][D]	93. [A][B][C][D]	98. [A][B][C][D]
79. [A][B][C][D][E]	84. [A][B][C][D]	89. [A][B][C][D]	94. [A][B][C][D]	99. [A][B][C][D]
80. [A][B][C][D][E]	85. [A][B][C][D]	90. [A][B][C][D]	95. [A][B][C][D]	100. [A][B][C][D]

三、书写

101.

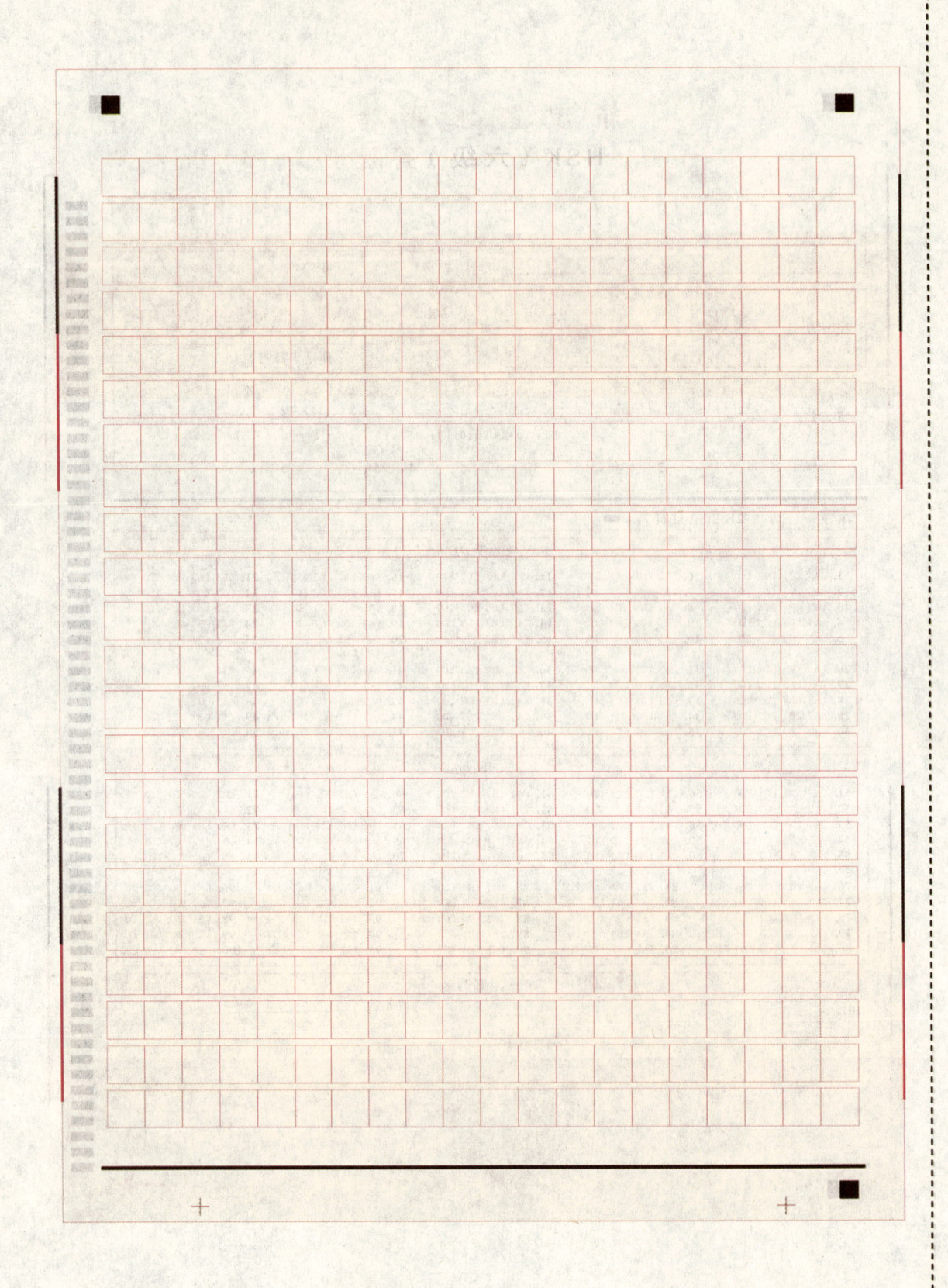

新汉语水平考试
HSK（六级）答题卡

姓名

国籍 [0][1][2][3][4][5][6][7][8][9]
[0][1][2][3][4][5][6][7][8][9]

序号 [0][1][2][3][4][5][6][7][8][9]
[0][1][2][3][4][5][6][7][8][9]
[0][1][2][3][4][5][6][7][8][9]
[0][1][2][3][4][5][6][7][8][9]

性别 男 [1] 女 [2]

考点 [0][1][2][3][4][5][6][7][8][9]
[0][1][2][3][4][5][6][7][8][9]
[0][1][2][3][4][5][6][7][8][9]

你是华裔吗？
是 [1]   不是 [2]

年龄 [0][1][2][3][4][5][6][7][8][9]
[0][1][2][3][4][5][6][7][8][9]

学习汉语的时间：
2年以下[1]   2年—3年[2]   3年—4年[3]   4年—5年[4]   5年以上[5]

注意 请用2B铅笔这样写：■

一、听力

1. [A][B][C][D]	6. [A][B][C][D]	11. [A][B][C][D]	16. [A][B][C][D]	21. [A][B][C][D]
2. [A][B][C][D]	7. [A][B][C][D]	12. [A][B][C][D]	17. [A][B][C][D]	22. [A][B][C][D]
3. [A][B][C][D]	8. [A][B][C][D]	13. [A][B][C][D]	18. [A][B][C][D]	23. [A][B][C][D]
4. [A][B][C][D]	9. [A][B][C][D]	14. [A][B][C][D]	19. [A][B][C][D]	24. [A][B][C][D]
5. [A][B][C][D]	10. [A][B][C][D]	15. [A][B][C][D]	20. [A][B][C][D]	25. [A][B][C][D]
26. [A][B][C][D]	31. [A][B][C][D]	36. [A][B][C][D]	41. [A][B][C][D]	46. [A][B][C][D]
27. [A][B][C][D]	32. [A][B][C][D]	37. [A][B][C][D]	42. [A][B][C][D]	47. [A][B][C][D]
28. [A][B][C][D]	33. [A][B][C][D]	38. [A][B][C][D]	43. [A][B][C][D]	48. [A][B][C][D]
29. [A][B][C][D]	34. [A][B][C][D]	39. [A][B][C][D]	44. [A][B][C][D]	49. [A][B][C][D]
30. [A][B][C][D]	35. [A][B][C][D]	40. [A][B][C][D]	45. [A][B][C][D]	50. [A][B][C][D]

二、阅读

51. [A][B][C][D]	56. [A][B][C][D]	61. [A][B][C][D]	66. [A][B][C][D]	71. [A][B][C][D][E]
52. [A][B][C][D]	57. [A][B][C][D]	62. [A][B][C][D]	67. [A][B][C][D]	72. [A][B][C][D][E]
53. [A][B][C][D]	58. [A][B][C][D]	63. [A][B][C][D]	68. [A][B][C][D]	73. [A][B][C][D][E]
54. [A][B][C][D]	59. [A][B][C][D]	64. [A][B][C][D]	69. [A][B][C][D]	74. [A][B][C][D][E]
55. [A][B][C][D]	60. [A][B][C][D]	65. [A][B][C][D]	70. [A][B][C][D]	75. [A][B][C][D][E]
76. [A][B][C][D][E]	81. [A][B][C][D]	86. [A][B][C][D]	91. [A][B][C][D]	96. [A][B][C][D]
77. [A][B][C][D][E]	82. [A][B][C][D]	87. [A][B][C][D]	92. [A][B][C][D]	97. [A][B][C][D]
78. [A][B][C][D][E]	83. [A][B][C][D]	88. [A][B][C][D]	93. [A][B][C][D]	98. [A][B][C][D]
79. [A][B][C][D][E]	84. [A][B][C][D]	89. [A][B][C][D]	94. [A][B][C][D]	99. [A][B][C][D]
80. [A][B][C][D][E]	85. [A][B][C][D]	90. [A][B][C][D]	95. [A][B][C][D]	100. [A][B][C][D]

三、书写

101.

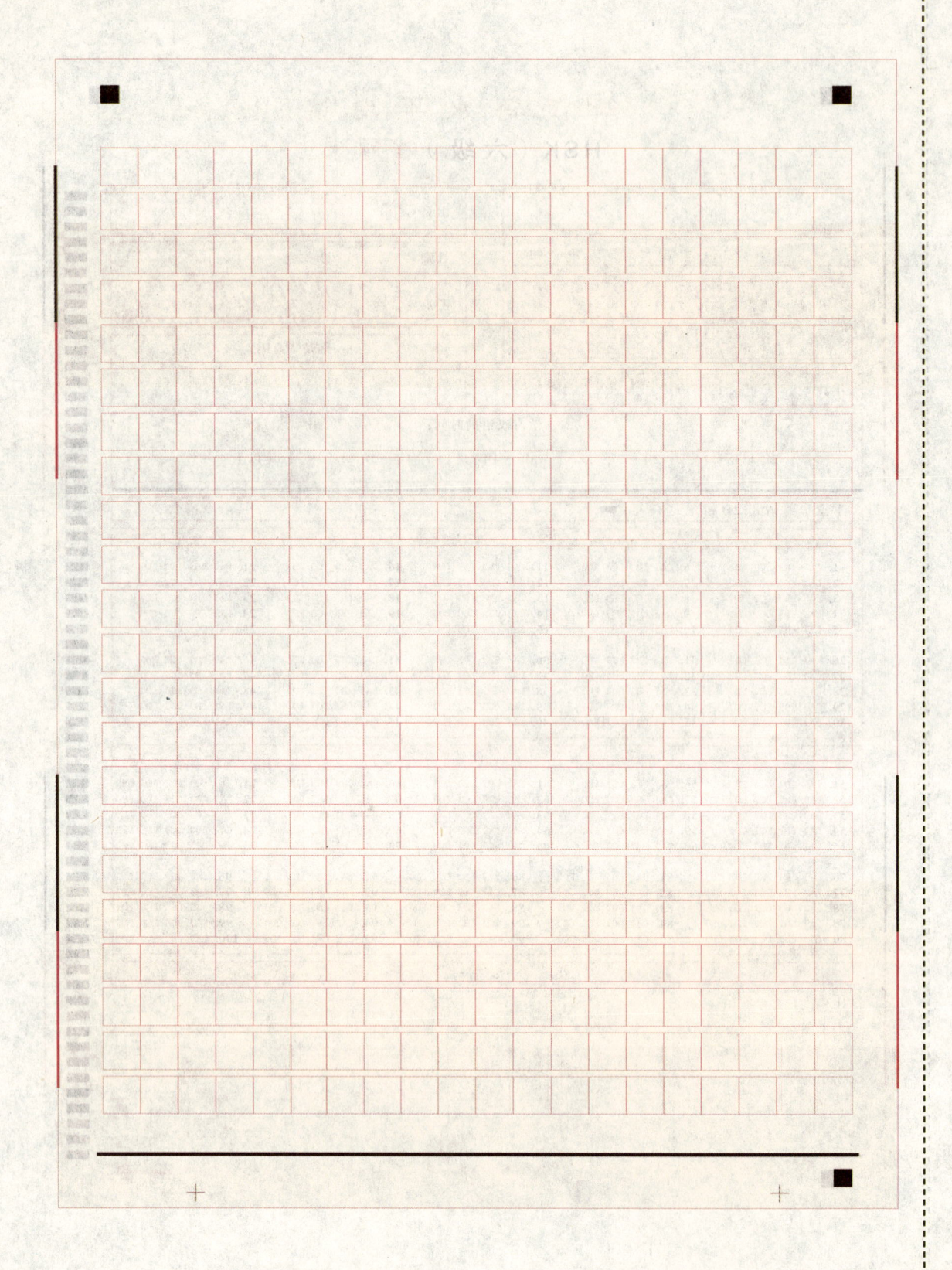